本书为“北京市教育科学‘十三五’规划2018年度重点课题——小学数学‘问题引领学习’的教学实践研究（CADA18066）”研究成果

问题引领数学学习丛书 | 张　丹　主编

问题引领数学学习：
内涵与实践策略

张　丹　于国文　著

教育科学出版社
·北京·

目录

丛书序一

问题引领
让学习真实发生

问题引领学习是本丛书的核心主题，也是张丹老师带领着京内外数十所实验校的老师们，通过近十年的深入理论探索与扎实教学研究，逐渐生长起来的数学教育主张和实践路径。

对学生问题意识的关注，在我国由来已久。《学记》中说："善问者如攻坚木，先其易者，后其节目；及其久也，相说以解。不善问者反此。善待问者如撞钟，叩之以小者则小鸣，叩之以大者则大鸣，待其从容，然后尽其声。不善答问者反此。此皆进学之道也。"这说明善问对于人才成长的重要性。

但是，在我国教育现实中，由于应试教育的干扰，只注重知识的灌输，忽视了学生在学习过程中提问的主观能动性，不利于创新性思维的培养。从2001年《基础教育课程改革纲要（试行）》颁布开始，我国便开始了新一轮的课程改革，试图将学生更好地从应试教育中解放出来。但课堂的实际表现却不是很理想，许多教师仍以"教"主导着课堂，很少关注学生发现和提出问题能力的培养。

当今世界，国际形势风云变幻，人类面临百年未有之大变局，国际竞争日益激烈。国际竞争说到底是人才的竞争。我们只有培养创新人才，建设创新强国，才能立于不败之地。基础教育是为培养创新人才打基础的。教育家吕型伟曾经说过，要培养学生提出问题、分析问题、解决问题的能力。2019年，中共中央、国务院印发的《关于深化教育教学改革全面提高义务教育质量的意见》中也明确指出，要“优化教学方式”，“引导学生主动思考、积极提问、自主探究”。这就需要改进教学方法，从关注教师的“教”转变为关注学生的“学”。让教师不再是知识的灌输者，而是学生学习知识的引路人。这就要树立学生是主体的观念，充分相信学生的能力，让学生自己去发现问题，提出问题，解决问题。过去我们也经常提倡启发式的教学，老师提出问题让学生回答，但这些问题是老师提出来的，并不等于学生自己提出来的。要让学生自己去思考、探索，提出问题，这样才能更好地促进学生思维的发展。

“问题引领学习”的教育主张和实践，便是基于学生真实问题开展的学习，在这样的学习中，既将学生发现和提出问题、分析和解决问题作为学习目标，又将发现和提出问题、分析和解决问题作为学习的途径。问题在引领学生学习的同时，也引领了教师的发展。

本丛书提出了一些观点。

儿童发现、提出问题，是学生内在潜能和发展的需要。儿童天生都有好奇心，接触到外部事物总会感到很新鲜，这种好奇心会驱动他们去发现和提出问题。教师不但要学会观察，抓住这样的学习契机，更要相信学生发现、提出问题的潜能，信任是巨大的教育力量。

培养儿童发现、提出问题的能力，课堂是主渠道。本丛书紧紧围绕课堂这一培养儿童发现、提出问题的最好场所展开实践与探索，提出构建“情境体验—问题产生—问题解决—反思总结”四个模块循环结构的课堂基本模型。

培养儿童发现、提出问题的能力，需要教师角色的重塑。当前，教育的最重要的变化是要从关注教师的“教”转变为关注学生的“学”。而这样的转变并非忽视了教师的作用，而是希望重塑教师的角色，最终实现教师与学生的同步成长与发展。

本丛书是经过近十年的研究与实践，京内外多所实验学校的实验总结，既有理论，又有实践。课题组的老师们始终坚守“儿童真实问题”这一核心，从课堂中来，到课堂中去，重塑了课堂样态，丰富了学习方式，形成了丰富的、可迁移的、可复制的实践路径和教学策略，构建了本丛书的核心内容。本丛书有着重要的现实意义。

（作者系北京师范大学资深教授，国家教育咨询委员会委员，中国教育学会名誉会长。）

丛书序二

问题引领学习：有意义的研究与实践

张丹老师在十年前就组织了一个强有力的团队——团队成员既有教研员，也有一线教师，既有北京的，也有其他地区的，大家共同研究小学数学“问题引领学习”的意义，探索并实践“问题引领学习”的教学形式。我曾多次参加他们组织的活动，对他们的这项研究深表认同。儿童有天然的好奇心，会自发地提出问题，因此，鼓励儿童提问，尊重他们提出的问题，尝试依据他们提出的合理的问题展开教学，是一种顺应儿童天性的教学方法，符合以人为本的教育理念。

无论是2011年版还是现在正在修订的义务教育数学课程标准，都强调要让学生通过义务教育阶段的数学学习，增强发现和提出问题的能力、分析和解决问题的能力。这便是所谓的“四能”。而“问题引领学习”就是有意识地将学生“发现和提出问题”作为课程目标的教学形式。在中小学数学的教学过程中，分析和解决问题涉及的问题是已知的，发现和提出问题涉及的问题是未知的，因此，就培养学生的思维能力和创新意识而言，发现和提出问题要比分析和解决问题更重要，当然，以此为目标也提高了教学的难度。

对中小学生而言，发现问题主要是指发现在课堂上未曾学过的事情，通常包括事物的性质、关系和规律。在这样的学习活动中，学生不仅能够知道一些新的东西，更重要的是能够拓展观察问题的视野，积累判断事物的经验。不言而喻，若能长期坚持这样开展教学，对学生而言是宝贵的，学生可以在教师的引导下领悟更多东西，逐渐形成独立思维的意识和合理思维的能力。特别是，如果学生能够在这样的学习活动中经历成功的喜悦，那还可以提升学习的兴趣和创造的激情。

在发现问题的基础上提出问题，还需要基于抽象的概括，甚至还需要基于推理的判断。前者，能够在错综复杂的事务中抓住问题的核心，进行条分缕析的陈述；后者，能够提出解决问题的建议，甚至预测问题的结论。能够提出合理的问题，绝不是一件简单事情。①进一步，鼓励学生经历从现实世界中发现问题、提出问题，进而分析问题、解决问题的全过程，就是培养学生会用数学的眼光观察现实世界，会用数学的思维思考现实世界，会用数学的语言表达现实世界。这样的教学活动，无疑是对数学核心素养教学的有益尝试。无论如何，如果一个学生能够提出有意义的问题，就充分说明这个学生已经会想问题了。

众所周知，我们传统的课堂教学给学生发现问题和提出问题的机会很少，大多数情况是学生回答教师提出的问题。即便是启发学生提出问题，这些问题也常常是教师教学的一种补充，如果学生提出的问题与教师的教学“预设”相左，就往往会被忽视；甚至有些教师会认为，放任学生提问题会干扰正常的教学活动。因此，在形式上，教师没有真正重视学生提问题的教学过程；在本质上，教师没有真正尊重学生提出的问题。事实上，如果希望学生具有发现和提出问题的能力，那么对所有学生而言，都必然要经历一个从不会提问题到会提问题的过程，如果在初始阶段学生提出的问题就得不到教师的重视和尊重，不仅会使教学流于形

① 参见：孔凡哲，史宁中. 中国学生发展数学核心素养概论：理想的学校数学教育能给学生带来什么[M]. 上海：华东师范大学出版社，2021.

式、限制学生的思考力，时间久了还可能减弱学生发现和提出问题的兴趣与意识。

张丹老师团队的这项研究，历经近十年的时间，在认真分析传统数学课堂问题的基础上，提出并探索解决问题的途径，从理论到实践全方位回应了“问题如何引领数学学习”这个最为核心的问题，提供了培养学生创新意识、发展学生数学核心素养教学研究的范例。

在这个课题研究的过程中，我和张丹老师有过多次讨论。比如“问题的概念怎么界定”，“如何用问题引领学生思考”，等等，除此之外，团队的老师们也在实践中探索着“怎样鼓励儿童提出问题”，“如何激发学生深度思考”。团队的老师们很有智慧，他们思考、提炼并形成了很多切实有效的办法，包括如何营造良好的提问氛围，如何设计吸引学生提问的学习活动。就像丛书所述，在老师创设的有趣情境中，学生提出的问题丰富多彩；在老师富有智慧的启发下，学生提出的问题由浅入深；在提问的过程中，学生的想象力自由翱翔，精彩的问题自然而然地“冒”出来。随着年龄的增长，学生的思考能力与他们提出问题的质量同时增长，就像书中提及的一位学生的感悟：“学习就是你带着很多很多的问题，尝试去解决它们，接着又产生了很多很多新的问题，然后再去解决，如此反复的过程!”

综上所述，十年磨一剑，张丹老师的团队取得了丰硕的成果，既记载了精彩的教学案例，又有对“问题引领学习”的理论研究。更加难能可贵的是，团队还通过微信公众号等方式辐射研究成果，使得这项课题在北京市内外40多所实验校落地生根，惠及上万名学生。还需要特别指出的是，这样的课堂实践活动也引发了教师们教育理念的变化，从关注教师如何教转向为关注学生如何学，这就回归到教育本原，体现了对立德树人根本任务的落实；同时，这样的实践研究也有利于团队成员提升教学研究能力，在每一个课例的设计中，在每一次教学实施中，教师与学生共同成长。

希望更多的教育同人能够关心“问题引领学习”，研究培养学生创新意识和实践能力的教学模式，探索促使学生形成和发展数学核心素养的教学路径。希望这部丛书能对这样的研究和探索提供一些经验与启迪。

史宁中

（作者系东北师范大学原校长，2011版、2021版义务教育数学课程标准及2017版普通高中数学课程标准研制组组长。）

丛书序三

从上讲台说起

我认识的数学教育研究界前辈，几乎都是中小学数学教师出身，他们个个是教学的行家里手，普遍是在积累了丰富的中小学数学教学经验之后，作为数学教学领域的佼佼者，踏上数学教育专业研究的舞台。所以那一代数学教育人的研究工作，都有浓浓的“教室味儿”，无论探讨什么，都很具体，都讲究接地气。

我们这一代，多是从校门直接迈入这个领域的。就像我，虽然当了快一辈子老师，却从未登上过中小学数学教学的讲台，哪怕是给中小学生讲一节课。因此，讲起数学教育的道理来振振有词也罢，写起文章来行云流水也好，一旦谈到中小学的数学教学问题，言必称“我没做过中小学老师，我说的道理即使再对，也只能做参考”，因为这是我的短板，所以一点都不敢托大。每当看到和我背景差不多的同行敢于对课堂教学“铁口直断”时，心里就会有几分担心，因为我们这一代的经验多是从自己的中小学老师那里来的，可现在都什么时代了！

本来是写序，怎么扯这么远呢？

这是因为，本丛书的主编张丹老师与我们这些人比起来，可说是个“另类”。她也是从大学校门直接迈入教学研究和教师教育这个行当，一下子就当了老师的老师的。但她从一开始就特别重视真实的课堂教学实践，曾只身到北京海淀后山位于城乡接合部的小学，站上讲台“真刀真枪”地做了一回数学老师，而且一站就是一个学期。虽然时间不算长，但她尝到了教学这个“梨子”的真滋味，补齐了缺少实际教学经验的短板，知道了什么是与教学有关的话语权，走上了数学教育研究者“文武兼备”的道路。

这一点，对她后来的工作，无论是教师教育、教材编写，还是担纲北京市小学数学教研的领头人，应该都大有裨益。就我看到的，她在工作中注重从真实的教学出发考虑教学的研究问题，能以“平视”的目光看待教师的教学表现，总是带着一群一线教师一起搞教学研究，喜欢泡在教室里、工作在学生中。这些特点，我觉得都有那段上讲台经历的影子。

这对她的教研工作会有什么影响？

实事求是，对此我只能打个比方。如果面对一个同样的教研问题，就说“问题引领学习”吧，我的研究路径一定是这样的：先看看课程标准是怎么说的，再看看教材是怎么写的，再观察观察实际的教学是怎么开展的、学生的学习是什么样子的……再经过相互对照，就大体可以发现问题，得出结论，提出建议。而按张丹老师的行事风格，她几乎肯定会完全反过来，从“学生的学习是什么样子的”开始。而事实也的确如此。

问题是，哪个路径更好？

“问题引领学习”这个主题，不论是过去还是现在，都是最重要、最核心也是最敏感的教学问题之一。虽然听上去好像与“四基”、“四能”，以及“深度学习”等都有关系，其实归根结底，它是一个“如何创设以学习者为中心的学习环境，凸显学习者主体地位”的问题，与如何引导学生主动学习的问题关系更大。这方面的问题，到目前为止一直都没怎么解决好，学生学习之被动，几乎没有太大的改变。

为什么会这样？原因再多，以我个人的看法，关键在于对“学生主动学习”这一问题的研究方式。简单说，是通过“自上而下”的方式，还是“自下而上”的方式进行。

要改革，就要有力度。谈到力度，就离不开自上而下的力推。结果往往一推到教师说了算的环节，就偃旗息鼓了。这不是教师不给力，而是因为那个研究路径对教师的“教”来说不是切实可行的。研究“教”的问题确实可以自上而下地开展，可以力推；而“问题引领”是研究“学”的问题，对象是学生，所以必须从学习者、从人开始。这就是为什么张丹老师要走那个“完全反过来”的路径。让“教”让位于“学”，让“学”自问题始，而“问题”又要源自学生。这样一来，一开始就从学生开始的“问题引领”，怎么会不走上“凸显学习者主体地位”的正确路径?

就这么简单吗?其实就这么简单!

对了，我为什么一下子就判断张丹老师会以“自下而上”的方式推进呢?原因也有很多，其中重要的一个就是，我知道她站过小学数学的讲台。

至于张丹老师到底是怎么从学生开始“自下而上”开展的，具体都做了些什么，那就需要读者好好读读她这几本书了。

《问题引领数学学习：内涵与实践策略》主要探讨“问题引领学习”的内涵、价值与实践策略。问题是数学的核心，问题提出有助于学生思维能力的提升和创新人格的孕育，促进学生理解数学的本质，激发学生学习的主动性。这本书阐述了基于儿童观点、历经教学实践的问题内涵，为如何鼓励儿童提出问题提供了实践的路径与策略，也为教师教学活动的设计提供了思路与方案。这样不仅能够将“问题引领学习”落实到数学课堂教学中，更勾画了促进学生数学核心素养发展的教学模式。

《数学提问力：促进儿童提问的活动设计》围绕“数学提问力”，呈现了19个促进儿童提问的活动。与好奇心不同，儿童的提问力不是与生俱来的，需要在相应的活动中得到锻炼，是一种经验的积累。从不敢提问题到敢于发表自己的想法，从单纯描述事物的表象到提出涉及事物本质的问题，沿着这样的路径，儿童看问题的视角会逐渐开阔，想象力会逐渐丰富，思维也会逐渐深刻。这本书记载的每个教学活动都经过课题组的教学实践，呈现了真实的情境，列举了学生提出的真实问题；每一个精巧的活动都是按照“目标、流程、设计、策略、回顾”的体例阐述，操作性强。

《小学数学单元教学：基于儿童真实问题》从实践的角度，诠释了如何基于儿童的问题开展单元整体教学。单元教学能够有效利用学生问题，有机链接学生问题和教学关键问题，用结构的力量来促使学生理解与迁移。这本书甄选了10个单元教学案例，展现了基于儿童真实问题构建单元学习的教学经验。

呈现给读者的这部丛书，是张丹老师团队上述宝贵经验的凝练，贯穿“问题引领学习”这个主题，相信一定会给读者很多的启示。

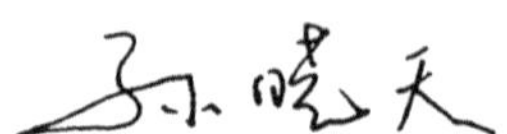

（作者系中央民族大学教授，2001版全日制义务教育数学课程标准研制负责人之一，2021版义务教育数学课程标准修订组核心成员。）

本书前言

用儿童问题引领学习和成长

俄国哲学家列夫·舍斯托夫（Lev Shestov）说：灵魂最本质的表现就是提出问题和寻求答案的能力。对于儿童，尤其如此，他们天然地对未知充满好奇与想象，在这份好奇中，在这份想象里，他们天然地产生问题，并在探索解决过程中学习、成长。

儿童提出问题，并以问题引领其数学学习的实践，已然成为国际数学教育研究的新趋势，并且是发展儿童数学眼光以及创新人格的必然要求；当前的课堂中，儿童提出问题的机会比较少，即使提出了，他们的问题也常常被忽视从而无法激发他们进一步的思考。这些都启示着我们，深入探索儿童的问题提出迫在眉睫。实际上，作为教育目标，问题的提出有助于培养儿童未来生活学习所需要的思考力和创造力，特别是以好奇、自主、专注、自信等为特征的创新人格；作为学习手段，学生通过提出问题来探索数学、理解数学和应用数学；作为评价方式，问题的提出可以帮助教师更好地理解儿童的思维和需求。

因而，我们从2012年开始，进行了近十年的“问题引领学习”的研究和实践，不断思考着问题引领数学学习的内涵与价值，也不断探索着如何基于儿童真实问题开展数学学习。本书正是这些思考与探索的结果，围绕着问题引领数学学习的内涵与实践两个角度进行深入阐释。

前两章集中探讨问题引领数学学习的内涵与价值。

问题引领数学学习包括三个方面的内涵：学会提问，因问而学和问学交融。在这些内涵引领之下，本书架构了“问题引领学习”的基本模型，并探索及阐释了其核心要素：立足真实情境，给儿童以丰富的提问机会，激发深度思考，鼓励互动分享，以及倡导单元主题化的设计。

问题及问题提出对数学学习的价值不言而喻。问题是数学的心脏；问题提出有助于学生创新意识的发展和创新人格的孕育，并能促进学生的数学理解以及促进其学习的主动性等。从教师的视角而言，儿童的问题提出为教师了解学生的思维过程打开一扇窗，有效促进了教师理解学生，并在理解的基础上达成有效教学。对教师自己而言，问题提出的专项教研活动促进了教师观念从关注如何教到关注怎样学的转变，力促其由能力恐慌走向专业自信，由迷茫困惑跨越到成果多元。这些在本书中都有详细论述。

后两章结合生动的案例与近十年实践的成果与反思，探讨了问题引领数学学习的实践策略。

谈及如何鼓励并引导儿童提问，本书提出了如下几条主张：营造鼓励儿童提问的氛围，引导儿童通过观察、思考、实践，或由于困惑，或出于好奇，提出自己感兴趣的问题；创设真实的情境，关注儿童的真正体验，引导儿童通过情境体验引发主动思考，在理解数学、探索数学、应用数学中不断发现、提出和分析、解决问题；设计丰富的问题提出活动，为学生提供更多的学习机会。在这部分，本书提供了丰富翔实的案例，展现了通过有意义的问题提出活动的创设，让儿童充分迸发出思维的火花，展现其洞见之深刻，思维之美妙，提问之精彩！

实际上，儿童问题可以充分引领深度学习与主动学习。那么，教师如何利用儿童的问题引发他们的深度思考呢？首先需要整理问题并规划学习路径，与此同时，儿童也经历了理解他人的问题和精炼自己的问题的过程。在此基础上，儿童设计解决问题的步骤并进行尝试，反思、总结并拓展问题。为了促使儿童深度学习的持续发生，单元备课必不可少。大概念下的单元备课能够有效利用儿童问题，有机链接儿童问题和教学关键问题，用结构的力量来促进儿童对数学的理解与迁移。

以上是本书的主体结构。我们写作此书，以期向大家呈现我们近十年实践的思考，并期待与深耕儿童问题提出的教育同人们共探这一主题的永恒价值与魅力。当然，我们的实践还在继续，也期待着广大读者的批评指正。

人类对未知世界的探索既是本性使然，也是生存之本。一方面，由于好奇心的驱使，个体在遇到新奇事物时会主动提出问题，并尝试通过实际行动去解决问题。另一方面，仅仅停留在由原始好奇引发的疑问上是不够的，需要鼓励儿童持续思考下去，否则好奇心往往会停留在一时冲动上。激发儿童的好奇心，由此发现和提出问题，并分析和解决问题，是我们“问题引领学习”课题组的共同目标。总之，儿童的好奇与提问不息，我们的探索不止！

张丹　于国文

第一章

为什么要以问题引领儿童学习

提出问题几乎可以被视作人之本能，以问题引领儿童的数学学习也必有其价值所在。问题是数学的心脏，鼓励儿童提问有助于儿童的多方面发展，有利于教师了解儿童的思维过程。此外，以问题引领数学学习走向深入愈发成为国际数学教育研究新趋势，加之当前课堂中儿童提问机会的缺失，共同构成了开展问题引领学习的研究和实践背景。

第一节　问题及问题提出的内涵

俄国哲学家列夫·舍斯托夫（2004）[132]说：灵魂最本质的表现就是提出问题和寻求答案的能力。而且，问题本身自然会产生——不可能不让有理性的生物提问。既然提出问题几乎可以被视作人之本能，以问题引领儿童的学习也必有其价值所在。

"问题引领学习"是指基于儿童真实问题开展的学习。问题引领学习包含两个层面的要义：一是以发展儿童发现、提出问题的能力为重要目标；二是基于儿童问题开展学习，通过鼓励儿童发问并运用他们的问题引领学习，激发其主动学习的兴趣和好奇心，促使他们理解所学知识和方法，学会数学思考，发展创新人格。因而，**儿童的问题提出既是我们所追求的目标，也是引领儿童学习和获得多方面发展的途径。**

对儿童发现和提出问题的研究是当前数学教育研究领域的新热点，其具体内涵和教育价值正在引发国际数学教育研究者进一步深入探究。（孔企平等，2015）《义务教育数学课程标准（2011年版）》（简称"2011版课标"）把原来的"分析和解决问题能力"拓展为"发现和提出问题的能力、分析和解决问题的能力"。而在实际教学中，儿童发现和提出问题的机会是比较少的，即使有的学生提出了富有价值的问题，这些问题也常常被搁置，并没有引发他们进一步的学习。而已有研究不断证实，基于问题的学习充分契合儿童的认知特征及好奇心强的心理特质，因此，如何设计合理的活动促进他们发现和提出问题能力的提高，同时运用他们的问题开展有效学习，都是颇有价值且亟待解决的问题。基于此，本书从问题出发，秉承问题引领学习的理念，解析问题引领学习是什么、为什么以及如何设计相应的学习活动，以问题促进儿童的深度学习。

自20世纪90年代以来，对问题提出进行研究的视角发生了明显的变化——“问题提出”不仅被视作解决数学问题的一种手段，更被视为一种相对独立的数学活动。“数学问题提出”在作为独立研究对象之前，曾被作为“数学问题解决”的重要步骤存在，如波利亚（Polya，1954）在其著作《数学与猜想》（*Mathematics and plausible reasoning*）第二卷中强调了问题提出在问题解决过程中所扮演的重要角色。然而，自20世纪90年代以来，有一大批学者以“数学问题提出”为中心展开了深入的研究，并证实了“问题提出”作为一个独立的研究对象对学生数学思维、创造性及态度等方面发展可能带来重要影响。（Silver，1994；Silver et al.，1996）下文将从什么是问题、儿童心目中的问题和数学问题是什么、什么是问题提出等角度，展开对问题及问题提出内涵的解析。

一、问题的内涵

（一）什么是问题

在讨论对问题的界定之前，我们有必要将问题作为一个更上位的哲学概念和心理学术语加以解析。

张掌然（2005）[中文摘要1]在其博士论文《问题论》中说：人和机器的一个根本区别在于人的问题性。人脑不断生产出各种各样、千奇百怪的问题，而机器却不能，至多只能产生出设计好了的程序性问题。对对象提问或追问为什么，这是人类超越其他智慧动物的一个重要标志，借用笛卡尔的“我思故我在”的著名公式，我们也可以说，人类的本质特征之一是“我问故我在”。

纽厄尔（Newell）和西蒙（Simon）将问题定义为：当一个人想要某种东西而又不直接知道他通过哪些行动才能得到它时，他就面临一个问题。类似地，认知心理学家认为：当人们面临一项任务而又没有直接手段去完成时，就有了问题；一旦找到了完成任务的手段和方法，问题就可以得到解决。（张掌然，2005）[5-6]除此界定外，有学者系统整理了学界对于“问题”的主要界定（张掌然 等，2005）：

（1）问题就是矛盾和冲突。

（2）问题就是疑难和困境。

（3）问题就是佯谬和悖论。

（4）问题就是目标和追求之间的差距。

（5）问题表现为一种有组织、有目的、颇为紧张的过程。

（6）问题有时用于泛指达到某种期望的状态。

（7）当问题涉及一种不调和、不愉快的情境时，这种情境会挑战我们的发明能力，并且没有可以立即令人满意的应对策略。

（8）问题是指一个不寻常事件出现时的一种预感。

（9）每当我们碰到不进一步做心理上的努力就不能有效地应付的情况时，我们就遇到了问题。

（10）每当我们需要组织新的信息项目，或以新的方式运用已知的信息项目以克服困难时，我们就遇到了问题。

（11）问题是指给定的信息和目标状态之间有某些障碍需要加以克服的情境。

（12）当人们在目前处境与某一企求目的之间遇到障碍或鸿沟，并感到单靠重复以前学会的方法无济于事时，就产生了解决问题的过程。解决这类问题需要创造性思维，而不能用只适用于日常问题的“再生性思维”。

纷繁的界定体现了问题本身的复杂性，即人们对问题本身的认识也充满了“问题”。但是从上面林林总总的界定也可以看出一些共性之处：**问题的一个基本特征是“障碍”，个体由障碍产生冲突和好奇，在解决障碍的过程中不断思考，发现和寻求策略。**

（二）什么是好问题

通过对诸多文献的解读，发现不少学者对什么是好问题也提出了自己的想法。他们认为好问题可能具有全部或部分如下特征：“现实的”“有趣的”“挑战性、探索性”“解决方法多样性”“能推广”“简单易懂”等。

希尔伯特给出了好问题的三个特征：清晰性和易懂性；困难但又给人以希望；意义重大。（张国杰，1996）

道尔顿（Dalton）指出，一个好问题必须具备下列条件中的至少一个（鲍建生 等，2009）[177]：

（1）问题要简单，使学生能认识并解决它；

（2）依靠学生的知识和能力能得出多种解法；

（3）能引导学生转向类似的问题；

（4）包含的数据能够被理解、分类、列成表格和进行分析；

（5）能够通过模型和简图（diagram）解决；

（6）能马上引起学生的兴趣；

（7）通过学生现有知识或将要学到的知识，能将一种解法一般化；

（8）能用一种再认的方式（recognizing pattern）解决；

（9）答案要有意思。

美国著名的数学问题解决专家舍恩菲尔德（Schoenfeld，1994）给出了好问题的五条审美原则，即一个好问题必须：

（1）是容易接受的（不需要大量的技巧）；

（2）有多种解题方法（或者至少有多种思路）；

（3）蕴含了重要的数学思想；

（4）不故意设陷阱；

（5）可以进一步拓展和一般化（导致丰富的数学探索活动）。

郑毓信（2000）认为从教学的角度看，一个好的问题应当符合以下一些标准：

（1）具有较强的探索性，即好的问题有一定的难度，但是对大多数学生来说又并非高不可即的；

（2）具有一定的启示意义，即好的问题有利于学生掌握有关的数学知识和思想方法；

（3）具有多种不同的解法，即具有较大的“开放性”；

（4）具有一定的发展余地，即好的问题可以引出新的问题和进一步的思考；

（5）具有一定的现实意义，或与学生的实际生活有着直接的联系，从而可以使学生更好地认识数学的意义；

（6）能够鼓励、促进同学间的合作；

（7）问题的表述简单易懂，融入学生的生活语言、熟悉的生活事物。

上述对什么样的问题可以称为好问题给出了大家之见，为我们提供了评价问题质量的可行标准。

这里讨论什么是“好”的问题并不是要对儿童的问题进行优劣区分，而是了解此标准可以为更好地促进学生思考提供帮助。只要能够触及儿童学习的内核，引发其深思，并且源自儿童内在生动的好奇，这样的问题我们都可以称为好问题。

（三）儿童心目中的问题和数学问题

基于对问题的综述，我们不由地想要追问：在儿童心目中，什么是问题？什么是好问题？什么是数学问题？什么是好的数学问题？为此，我们调研了北京市东城区培新小学二年级的38名学生和史家胡同小学六年级的72名学生。调研采用开放式问卷调查的方式，用时30分钟。问卷调查的问题是：

（1）你觉得什么是问题？请用你的语言说一说，并举一个问题的例子。

（2）在你心目中，好的数学问题应该有哪些特征？请用你的语言说一说，并举一个好的数学问题的例子。

调研发现，学生对“什么是问题”及“什么是好的数学问题”的认识非常丰富，他们使用了大量词语来描述心目中的问题和好问题。对于“什么是问题”，学生的回答聚焦如下关键词：不知道的、要回答或讨论的、有疑问的、引发思考的、带问号的。

对于“好的数学问题有什么特征”，学生提出的关键特征包括：需要思考的、促进思维活跃的、好玩的、有意义的、有价值的、复杂的、有难度的、切合实际的、清晰的、严谨的，等等。

关于什么是好问题，另一项在北京市海淀区万泉小学三年级进行的调研也展示了学生们精彩的看法，表明学生对这一问题有自己的独到见解。例如：

生1　我认为，好问题可以有不同的标准。

（1）有主见、有主题的问题是好问题。

（2）大家都没想到的问题是好问题。

（3）答案对生活有帮助、能解决实际问题的是好问题。

（4）可以充分调动大脑、让思维得到锻炼的问题是好问题。

（5）能反映大家共同关切点的问题是好问题。

生2　我认为好问题可以是这样的——

（1）大家都感兴趣、能够激发求知欲的问题。

（2）大家讨论完都能有收获的问题。

（3）离我们的学习生活不远、难易适当的问题。

在学生呈现的丰富认识的基础之上，万泉小学的胡益红老师及其团队带领学生共同提出"好问题"的九条标准：知识全面，情境有趣，图文并茂，有价值，数据真实，主题明确，内容丰富，难易程度适中，贴近生活。

总体来看，无论哪个年级的学生对问题的描述都基本扣住了"想知道，但又不知道"。关于什么是好的数学问题，学生的描述体现了现实性、开放性、思考性、趣味性等特征。儿童视角的好问题的主要特征基本契合了前文概述的已有研究对于好问题特征的研究。而且，我们欣喜地看到儿童对于什么是问题、什么是好问题的看法非常丰富。

（四）本书中"问题"的含义

综合关于问题及其特征的诸多研究，我们基于对学生的调研以及所追求的目标，认为问题指的是：**儿童内在想要获知而又不知道的，他们需要为此进行思考和探索，而非直接就获得答案或者发现解决方案。**

需要指出的是，学生在探索的过程中会不断提出自己的猜想，虽然有时是以陈述句的形式出现，但也是学生想要进一步验证的，是他们的思考和发现。比如，对于“什么样的图形可以密铺”这个问题，学生在观察到长方形、平行四边形、梯形都可以密铺后，提出猜想“四边形都可以密铺”——这种仍待进一步研究的猜想在本书中也被称为问题。这个想法与某些学者的主张是一致的。“问题”的语言表述形式是各种疑问句。但有些问句在某些语境中就不表示问题，而是一个肯定的判断；在某种情况下，问题也可以用祈使句来表达。（董中保 等，2000）

另外需注意的是，我们聚焦于儿童在小学数学学科中的问题提出，但是所提出的问题并不局限于数学学科问题，也包括其他学科、跨学科以及生活中的问题等。

二、问题提出的内涵

《义务教育数学课程标准（2011年版）解读》中指出：“所谓‘发现问题’，是经过多方面、多角度的数学思维，从表面上看来没有关系的一些现象中找到数量或空间方面的某些联系，或者找到数量或空间方面的某些矛盾，并把这些联系或者矛盾提炼出来。所谓‘提出问题’，是在已经发现问题的基础上，把找到的联系或者矛盾用数学语言、数学符号集中地以‘问题’的形态表述出来。”（史宁中，2012）[124]发现问题和提出问题相伴而生，不可分割，发现问题是提出问题的前提。

而对于发现和提出问题的途径或方法，有研究者总结了三种类型：一是从范式内部各种因素间的关系这一途径发现问题；二是从范式与范式（理论与理论、领域与领域）之间的关系这一途径发现问题；三是从实际生活和实践经验中提出问题，包括从技术发明和艺术创造等活动中提出问题。（张掌然，2005）[111]

数学问题提出领域的著名学者西尔维（Silver，1994）[19-28]等对问题提出也进行了界定与解析，指出：问题提出涉及两个方面的活动，一是从情境、经验或已有问题中创造出新的问题；二是在解决给定问题中产生新问题或者重新阐述提出新问题。即：从情境、经验或已有问题中会产生哪些新问题，为了解决给定问题会提出哪些问题。对于第一方面，又可以细分为从情境和经验中提出最初的问题，以及从已经解决的问题中通过修改条件和目标等产生新问题。

西尔维和蔡金法（Cai）则依据时间顺序将数学问题提出分为解决问题前的问题提出、解决问题过程中的问题提出以及解决问题后的问题提出。（Silver et al.，1996）相比较而言，解决问题前的问题提出是发散的；解决问题过程中的问题提出往往围绕特定问题展开，前后具有逻辑联结性；而解决问题后的问题提出是对问题的一种延伸，同时具备发散性和批判性等特点。

蔡金法分别从学生和教师角度界定了问题提出的概念。他指出，对于学生而言，问题提出主要包括两方面的心智活动：一是学生基于给定的问题情境提出数学问题，这些情境可能包括数学表达式或图表；二是学生通过改变（或改编）已有问题来提出新的数学问题。（蔡金法 等，2019）

综上，我们将“发现和提出问题”阐述为：在现实和数学问题情境中，发现事物之间的联系和规律，或者发现与已有认识的不同和矛盾，从而把这些规律和矛盾提炼出来，并用数学的语言进行表达。发现和提出问题可以发生在解决问题之前、解决问题过程中以及解决问题之后。我们所界定的问题聚焦的是学生提出的问题，并认为教师问题与学生问题相互促进，共同促进学生的深度学习与持续探索。

第二节　问题及问题提出的价值

我们为什么要在儿童学习过程中倡导问题提出，并设计鼓励儿童提出问题的活动，以引领儿童的学习呢？这是开展“问题引领学习”首要思考的方面。实际上，问题及问题提出的价值已不言自明，无论是学生还是教师，都能从中获益。

问题不仅是一个日常概念，有其哲学含义，而且广泛渗透到各个学科、各个领域、各个专业。它是一个被哲学、语言学、逻辑、认识论、方法论、心理学、教育学、人工智能、辩论学等一系列学科共同关注的现象和课题。（张掌然，2005）[2]

正如美国学者哈尔莫斯（P. R. Halmos）所言：问题是数学的心脏，而且希望教师在讲堂中、在研讨会上和在著作及论文中，越来越多地强调它，同时，我们将把我们的学生训练为比我们更好的问题的指出者和问题的解答者。（Halmos 等，1982）由此可见问题对于数学学科的价值，更表明将学生培养为“更好的问题的指出者”具有深刻的意义。

爱因斯坦（Einstein）也曾说，提出一个问题往往比解决一个问题更为重要，提出新问题需要创造性的想象力，而且标志着科学的真正进步。（Einstein et al.，1938）西尔维（Silver，1994）则将学者对于数学问题提出的理解归纳为六个方面，实际上也体现了问题提出的多方面价值：

> （1）曼斯菲尔德（Mansfield）和布塞（Busse）认为，数学问题提出是创造力活动和特殊数学能力的一种表现形式，其能够反映人们在创造力和数学天赋方面所具备的能力。（Mansfield et al.，1981）
>
> （2）厄内斯特（Ernest，1991）认为，数学问题提出是以探索为导向的教学活动的一种特征。在课堂教学活动中，学生应该被鼓励成为自

主的学习者，而这些学习者能够自然而然且经常性地提出感兴趣的问题。

（3）波利亚（Polya，1954）则认为，数学问题提出是数学活动的显著特征，当数学家进行数学学科相关的智力活动时，自发的数学问题提出是这一智力活动开始的重要标志性特征。

（4）岛田（Shimada）等提出，数学问题提出是提升学生数学问题解决能力的重要手段；部分研究结果显示，数学问题提出和数学问题解决能力之间存在着某种联系。（Hashimoto et al.，1984）

（5）埃勒顿（Ellerton，1986）认为，数学问题提出是了解学生数学理解程度的一扇窗。

（6）希利（Healy，1993）则认为，通过提出数学问题可以提升学生对数学学习的兴趣，改善学生对数学的态度。

西尔维很好地启发了研究者从多元、综合的视角解读问题的价值，以及儿童进行问题提出的价值，下文将对此进行具体介绍。

一、问题是数学的心脏

英国科学哲学家波普尔（K. Popper）高度赞誉问题在科学认识中的作用："应当把科学设想为从问题到问题的不断进步——从问题到愈来愈深刻的问题"和"愈来愈能启发新问题的问题"（波普尔，1986）。由此可见，即使是儿童早期看似简单的问题，也可能蕴藏着未来深刻追问的缘起。保护儿童的问题提出，珍惜儿童提出的问题，进而启发其深入探索，以及在探索基础上进一步地追问，具有重要价值。

问题对于数学学科也具有关键作用，因而学界始终认同美国学者哈尔莫斯的论断：问题是数学的心脏。希尔伯特（1981）曾对此加以解释："问题对于一般数学进展的意义，以及它们在研究者个人的工作中所起的作用，是不可否认的。只要一门科学分支能提出大量问题，它就充满着生命力，而问题缺乏则预示着独立发展的衰亡或终止。正如人类的每项事业都追求着确定的目标一样，数学研究也需要自己的问题，正是通过这些问题的解决，研究者锤炼其钢铁意志，发现新方法和新观点，达到更为广阔的自由境界。”

作为数学学科心脏的问题具有如下重要价值：问题推动数学事业的发展；联动多种因素，推动数学发展；促进个人的数学研究；问题是数学的心脏的论断本身对于数学教学至关重要。（袁桂珍 等，2006）

更有国家在课程标准中将问题和问题提出视作真正的数学活动的重要部分。例如，法国的课程标准将“确定和提出问题，通过例子的实验结果来进行猜想、讨论，检查结果是否适用于所研究的问题，进行交流研究，最终给出一个解决方案”叫作真正的数学活动。（曹一鸣，2012）[116]

二、问题提出助力学生多方面发展

2011版课标在课程目标中规定“通过义务教育阶段的数学学习，学生能增强发现和提出问题的能力、分析和解决问题的能力”，凸显了“发现和提出问题”的重要性。《中国学生发展核心素养》研究成果中，提出了六大素养18个要点，其中“具有问题意识”“善于发现和提出问题”等都指出了发现和提出问题的重要性。

作为教育目标，问题提出有助于培养学生未来生活学习所需要的思考和创造能力；作为教学手段，学生可以通过提出问题来学习数学，增加探索和学习的机会；作为评价方式，问题提出可以考查学生或教师的数学思维。（王嵘 等，2020）可以说，数学问题提出能促进问题的更好解决，有利于促进学生对知识的理解与反思，是发展学生创造性能力的重要途径，也是其终身学习和毕生发展的基础。（Cai et al.，2013；范文贵，2007）

（一）发展学生的创新意识

2011版课标中提到了发展学生的“创新意识”，并对其给出了如下的解释：“学生自己发现和提出问题是创新的基础；独立思考、学会思考是创新的核心；归纳概括得到猜想和规律，并加以验证，是创新的重要方法。”《国家中长期人才发展规划纲要（2010—2020年）》和《国家中长期教育改革和发展规划纲要（2010—2020年）》都将创造性人才的培养作为我国的重要战略目标。创造性人才的培养和造就，要靠创造性教育，要靠改革现有的教育思想、教育内容和教育方法来实现。（林崇德，2016）而问题提出活动本身就是一种创造性的思维活动，提出问题的过程需要创造性思维的卷入，也将反之激发创造性思维的潜力。在这种“半结构化”的开放式任务情境中，问题提出和解决活动能够促进学生数学创造性和批判性思维的发展。（Bonotto，2013）所提出问题的“流畅性”（产生很多想法）、“灵活性”（产生不同类型/范畴的想法）和“原创性”（产生新颖、少见的想法）生动刻画并促进着创造性思维的发展。（张玲 等，2019）

问题提出活动可以发展学生的问题意识，而问题意识正是创造力培养的基础。那么，什么影响着问题意识的形成与发展呢？智力因素至关重要，但是其他一些人格特质也不容忽视，与问题意识相关的人格特征尤以独立性、好奇心和勇敢精神为重（俞国良 等，2003），它们又会随着问题提出和深入思考得以不断发展。

从某种意义上说，发现和解决的问题的大小、难易、深浅、重轻是评价一个人的创造性水平的主要指标。（张掌然，2005）[10]

（二）培养学生的科学精神

《中国学生发展核心素养》明确指出批判质疑和勇于探究是重要的科学精神。具有问题意识是批判质疑的重点之一。具有好奇心和想象力；能不畏困难，有坚持不懈的探索精神；能大胆尝试，积极寻求有效的问题解决方法等：是勇于探究的重点。

问题提出本身正是为了培养学生的问题意识，以发展批判质疑精神；充分基于学生的好奇，鼓励思维的深度卷入，鼓励进行持续的探究，不断寻求方法。这也正契合了勇于探究这一品质的培养，从而培养了学生的科学精神。

数学的思考也是科学精神的重要表现。问题提出活动通过提供给学生探索、做出假设、提出富有意义的问题的机会（Bonotto，2013），鼓励学生体验真实的数学学科的探究，发展数学思考和理性精神。

（三）促进学生的学习主动性

问题提出活动本身尤其关注学习者在学习活动中的角色和主体地位。一项对问题提出教学法的调研显示：问题提出教学法把学生放到主体地位，把课堂的主动权交给了学生。（宋乃庆 等，2019）在问题情境下，提出自己感兴趣的问题，尝试解决问题，与同伴分享各自的问题，可以极大地激发学生的兴趣和主动性。威诺格德（Winogrd）通过一个对五年级学生的教学研究发现，学生会表现出强大的学习动机去提出同伴感兴趣和感到困难的问题。已有研究和充分的实践都证明：在鼓励学生成为自主学习者的课堂，学生将自然地、经常地提出他们的问题。（Silver，1994）

我们也做了许多对学生的调研，它们显示了基于问题，尤其是基于学生自己提出的真实问题的场景，能够更好地激发学生成为主动、积极的学习者。例如，在一次探索“图形密铺”的调研中，一名学生在其探索过程中不断地提出问题和解决问题，并乐此不疲。这名学生在结束后谈到了这样的感受：“一个问题就是一个阶梯，到达一个阶梯后，首先看看有没有迷雾，如果拨开迷雾了，就再上另一个阶梯。”这名学生探索的过程展示了他是一个问题引领学习场景中的积极的学习者，而他之后表达的感受更是佐证了基于问题的学习对于主动学习、深度思考的价值。

（四）促进学生运用数学的眼光观察世界

《普通高中数学课程标准（2017年版2020年修订）》提到了数学教育要“提升学生的数学素养，引导学生会用数学的眼光观察世界，会用数学的思维思考世界，会用数学的语言表达世界”。在生活中发现和提出问题，无疑会促进学生运用数学的眼光观察世界，这一点在我们的教学实践中已经被凸显出来。

例如，一位教师在鼓励学生发现和提出问题，并利用他们的问题开展“比的认识”单元的学习后，询问学生“在发现和提出问题的活动中，你学到的最重要的事情是什么”。[①]39人中有23人表示收获最大的是学会了用数学的眼光观察世界。他们以其生动的语言进行了阐述：生活中许多东西可以用数学来表达；生活中许多看似平常的事需要深入思考为什么，是什么让它变成这样的，这么做有什么依据。

（五）提升学生解决问题的能力，促进学生对数学概念的理解

问题提出活动不仅给研究者提供了一个洞察学生数学思考的窗口，而且提供了反映学生数学经验的镜子。（Silver，1994）

问题解决的过程往往包含着子问题的产生和解决。（Polya，1957）过去的研究表明，提出复杂问题的能力与更强地解决问题的能力密切相关。早在1996年，西尔维和蔡金法通过8个问题解决任务和1个问题提出任务对六年级和七年级的学生进行测试。结果表明，学生的问题提出表现和问题解决表现成正向相关关系，问题解决方面表现好的学生能够提出更多、更复杂的数学问题。（Silver et al.，1996）聂必凯也发现，小学生问题提出表现和问题解决表现呈现显著的一致性。（聂必凯 等，2003）这些都表明，问题提出和问题解决是相互促进的。

因此，鼓励学生产生问题不仅可以促使他们理解问题情境，同时可以培养他们建立更高级的问题解决策略。（Cai et al.，2015）学生参与问题提出和猜想活动，尤其是面临结构不良数学问题的情境，对他们接下来的知识学习和问题解决有着正向的影响。（Sweller et al.，1983）

还有很多研究支持这样的观点，即让学生基于特定的情境提出和发展属于自己的问题，能够使他们成为更好的问题解决者。（English，1997）在众多的论据当中，最重要的一种观点是，学生在提出自己的问题时，能够对问题情境进行自我反思。（National Council of Teachers of Mathematics，2000）而这种自我反思潜在的对问题解决策略的规划，是促进学生有效解决问题的重要方式。（Cifarelli et al.，2005）有经验的、正确的问题提出则在一定程度

① 案例来自北京市海淀区实验小学刘晓老师和她的学生们。

上缩短了解决问题过程中路径试误的时间，从而迅速有效地解决问题。（张玲 等，2019）

问题提出的活动往往要求高认知的卷入，这为学生的数学理解的发展提供了智力环境。因此，高认知要求的问题提出活动将促进学生的概念理解，发展他们的推理和数学交流能力，同时能激发他们的兴趣和好奇心。（National Council of Teachers of Mathematics，1991）[39]

问题提出对于核心素养和关键能力的培养也有明显价值。《普通高中数学课程标准（2017年版2020年修订）》进一步明确了数学课程的“四能”：从数学角度发现和提出问题的能力、分析和解决问题的能力。这份课程标准还首次将观念、品格、能力综合在一起，提出了数学学科的六大核心素养。在具体阐述中，问题提出是逻辑推理、数学建模和直观想象等素养的表现之一。如逻辑推理的表现之一是发现问题和提出命题；数学建模的主要过程包括在实际情境中，从数学的视角发现问题、提出问题、分析问题、建立模型；直观想象是发现和提出问题、分析和解决问题的重要手段。同时，关于这六大数学核心素养水平的阐述都涉及四个方面：情境与问题、知识与技能、思维与表达、交流与反思。问题提出是其中的关键。例如，在实际情境和数学情境中，能够发现蕴含的数学规律，提出有价值的数学问题，并予以数学表达，是逻辑推理的具体表现之一。

三、问题提出促进教师了解学生的思维过程

许多研究表明，教师可以通过问题提出的任务更为深入地了解学生对数学的理解（Kotsopoulos，2009；Leung，2013；Silver，1994），帮助教师高质量地评估学生的思维（张玲 等，2019）。有足够多的证据表明，用问题提出来了解学生的思维有问题解决达不到的效果。

不少教师和学生的实践也体现了问题提出对于教师了解学生思维的裨益之处。例如，围绕着114×21，教师鼓励学生尝试多种方法解决，并围绕学生给出的几种解决方法设计了学习单，请学生提出值得继续思考的数学问

题。[①]（见图1-1）

学习单

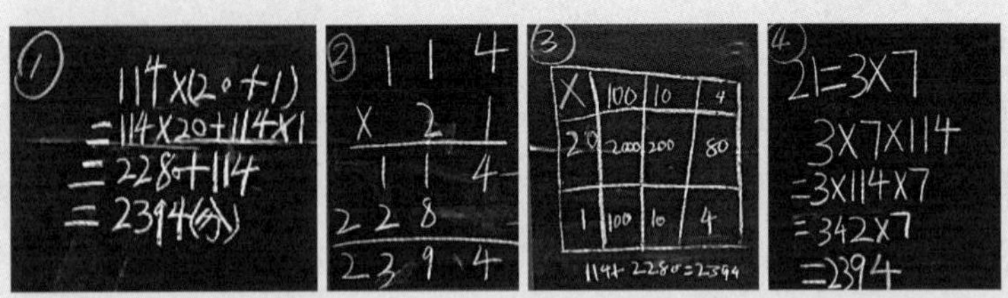

观察以上几种计算方法，为了更好地理解这些方法，请你提出值得继续思考的数学问题。

图1-1 学习单设计

下面是学生们有代表性的问题：

问题1 方法①和方法②有什么关系？

问题2 这些方法之间有什么联系？

问题3 大一点的数（比如三位数乘三位数）还能用这些方法解决吗？

问题4 这四种方法有什么共同点？

问题5 为什么解决一个题目会有这么多方法？

问题6 方法①、②、③有什么联系？

问题7 还有别的方法解答这个题目吗？

问题8 方法④能解答其他的题目吗？

教师分析上面的问题，一类是关于114×21的计算方法类问题（问题1、2、4、5、6、7），一类是利用计算方法解决其他问题类问题（问题3、8）。计算方法类问题还可以细分为：寻找联系类（问题1、2、4、6）、探究原因类（问题5）以及寻求其他方法类（问题7）。而对学生提出问题的分析，毫无疑问将有效促进教师走进学生的思维，了解学生的思维，并基于学生思维

① 案例来自北京市海淀区定慧里小学王晓娟老师和她的学生们。

设计后续教学。

因此，问题提出可以作为一个评估手段，帮助教师增进对学生的了解并进行合理评估。

四、问题提出促进教师专业发展

目前已经有一些案例表明用问题提出作为教学手段的有效性和独特性。（徐冉冉 等，2020；陈婷 等，2019）我们在历时近十年的“问题引领学习”研究过程中，有北京海淀、东城、西城、丰台、朝阳、石景山、房山、延庆，以及郑州金水等区共40所实验学校的100余名实验教师不断参与到研究和实践中。“问题引领学习”在实施过程中，得到了广大教师和学生的一致认可。在问题提出的实践中，不仅学生获得了全面发展，老师也获得了长足进步。老师们普遍反映在如下方面得到了提升。

（一）教师的观念发生了转变，由关注如何教转向关注如何学

“问题引领学习”更加关注学生有哪些感到好奇和想研究的问题，更注重鼓励学生在自己的问题的引领下开展学习，更注重学生核心素养的发展，并引领教师关注学生的经验、需求和学习过程。通过问题提出的实践，老师们开始重新认识教师角色——是唤醒，是保护，是陪伴与同行；老师们更加了解学生，更加关注学生有哪些感到好奇和想研究的问题，更加注重鼓励儿童在自己的问题的引领下开展学习；老师们更加理解学习，注重激发学生兴趣，以问题开启学生美好的学习之旅；老师们更加注重学生核心素养的发展，通过问题促进学生的思维发展和创造潜能发挥。

（二）教师的专业素养得到了提升，由能力恐慌走向专业自信

经过问题提出的实践与训练，教师对核心素养的理解更加深入，逐渐能够把抽象的核心素养具化为具体内容中促进儿童素养发展的“大概念”。教师也能够把核心素养具体落实于一个个单元中、一节节课中。特别要指出的

是，在学生提出问题、研究问题的过程中，核心素养的发展也顺其自然地发生了。而在这样的过程中，教师也和儿童一起拔节成长，专业素养得到了发展。

（三）教师的研究能力获得了提高，由迷茫困惑跨越到成果多元

教师在问题提出的活动过程中也感到了幸福的成长，提高了自己的教学研究能力。在研究和实践的过程中，老师们也遇到过不少困惑，但是在我们的共同努力下，大家纷纷贡献实践智慧，为所有实验教师在最需要的时候给予具体支持，提出了卓有成效的研究路径，指明了前进的道路。同时，课题研究提升了团队的凝聚力，校际研究共同体搭建了交流研究平台，促进了教师的终身学习。比如，在问题引领下的单元教学实践研究中，开始还处于区域单元教学研究起步阶段的老师们感到迷茫，不知道如何进行单元整体教学；之后在主题为“基于好奇，发展能力”的教研活动引领下，构建了一个个由学生感到好奇的问题架构起来的单元教学设计，并进行了实施。就这样由当初的迷茫困惑，到成果的丰硕多元，教师在研究中获得了成长。

总之，问题引领学习的研究改变的是观念，积蓄的是专业素养，促使教师回归到教育的本质中看学生，站在发展的视角下看教育的全过程。

第三节 “问题引领学习”的实施背景

一、国际数学教育研究新趋势

（一）各国数学课程中的要求

学生发现和提出问题的研究是当前数学教育研究领域的新热点。（Singer et al.，2013）随着对数学问题提出的日趋重视，许多国家的课程标准开始明确强调数学问题提出在数学教学中的重要性，并逐渐将数学问题提出作为数学课程的重要组成部分。

美国数学教师协会（National Council of Teachers of Mathematics，NCTM）的课程与评估标准（Curriculum and evaluation standards）中提到，“学生应该获得从他们感兴趣的领域当中形成和产生问题的机会”（National Council of Teachers of Mathematics，1989）。“课堂上的数学问题提出活动能够为学生提供潜在的知识背景，以促进他们丰富的数学发展。这种活动可以促进他们的概念理解，培养他们用数学的方式进行推理和交流，并能够抓住他们的兴趣以及好奇心。”（National Council of Teachers of Mathematics，1991）[39]

芬兰的数学课程标准明确指出，“教学是为了培养学生的创造力、严谨的思维，以及引导学生发现、提出问题并解决问题”，其中三至六年级学生要能够基于观察提出问题、解决问题。（曹一鸣，2012）[29]

荷兰将问题提出作为跨学科目标之一，期待小学阶段的学生对他们周围的世界感兴趣并且主动去探索这个世界，能够提出具体的问题，且能找出问题中相关的关系并加以运用。（曹一鸣，2012）[254]

不少国家还针对不同学段的儿童提出差异化的问题提出要求。例如，澳大利亚数学课程标准中对于发现和提出问题强调，要“培养（学生）对于日益复杂的数学概念的理解与认识，完善分析过程的顺畅程度，能够提出并解决问题，在数与代数、测量与几何、统计与概率领域能进行推理”（Assessment and Reporting Authority，2011）。他们对不同年级学生提出了不同要求：在学前学段要求学生“对自身及熟悉的物体和事件提出问题”；在二年级，要求学生“基于类别变量确定一个感兴趣的问题”；在三年级，要求学生“对问题进行改进”（例如，缩小此类问题的关注点，如将“哪种食物是最流行的谷类早餐”变为“哪种食物是我们三年级学生中最流行的谷类早餐”），从而有利于数据的收集；在四年级，要求学生“利用给定的一个数字句型写出一个文字问题”；在五年级，要求学生“通过观察或调查提出问题并收集分类数据或数值数据。提出关于操场上昆虫多样性的问题，在操场上铺一块一平方米的纸，通过记录一段时间内昆虫在纸上的种类和数量来收集数据”。（曹一鸣，2012）[9,15,18,20,24]

回看我国，1996年《全日制普通高级中学数学教学大纲（供试验用）》在对解决实际问题能力的解释中提到了问题提出：解决实际问题的能力是指，会提出、分析和解决带有实际意义的或在相关学科、生产和日常生活中的数学问题。2001年《全日制义务教育数学课程标准（实验稿）》中要求学生能够“初步学会从数学的角度提出问题、理解问题，并能综合运用所学的知识和技能解决问题，发展应用意识”，随后又在2011版课标中提到要“体会数学知识之间、数学与其他学科之间、数学与生活之间的联系，运用数学的思维方式进行思考，增强发现和提出问题的能力”。

这些表明，问题提出的重要性都得到了一致认可，关于问题提出融入中小学数学课程的呼吁越来越强烈。问题提出既是每个学生数学经验中不可或缺的环节，也是高水平数学活动的重要方面；问题提出既是重要的数学教育目标，也是重要的教学手段和评价方式。（王嵘 等，2020）

（二）促进学生提出问题的策略

围绕着怎样发展学生的问题意识、培养学生问题提出的能力以及设计鼓励提问的教学活动和课堂环境，研究者做了大量研究。波诺托（Bonotto，

2013）以超市优惠宣传单、游乐场的宣传册为情境设计教学，这些情境中包含着价格、百分比等数学信息。学生首先根据信息提出数学问题，并对问题进行评价；之后，教师组织学生选取问题，小组之间互相解答；最后对问题中存在的错误和解答进行讨论。通过实验，研究者发现，在这种“半结构化”的开放式任务情境中，学生可以很好地利用这些情境去提出一些可解决的问题；问题提出和解决活动能够促进学生数学创造性思维和审辨思维的发展。

布朗（Brown）和沃尔特（Walter）对提出问题给出了一个有用的方法——通过对原问题的条件和限定进行思考而自由改变来产生新问题，即所谓的“否定假设法”（what-if-not，如果它不这样，那么会怎样？）。（Brown et al.，1983）孔特雷拉斯（Contreras，2007）则以“what-if-not”策略为基础，构建了教学中问题提出的框架。冈萨雷斯（Gonzales，1998）在培养学生问题提出能力的教学设计方面取得了重要的研究成果。该教学设计由五个阶段组成，包括：培养学生的质疑技能；提出一个相关的数学问题；产生一个数学任务；寻找数学情境；生成数学问题。

我国的数学教育研究和实践者，在如何为学生提供多种问题提出的活动方面也做了大量的努力。吕传汉和汪秉彝提出了“数学情境与提出问题”教学模式（简称“情境—问题”教学），该模式的基本样式如图1-2所示。（吕传汉 等，2006a）

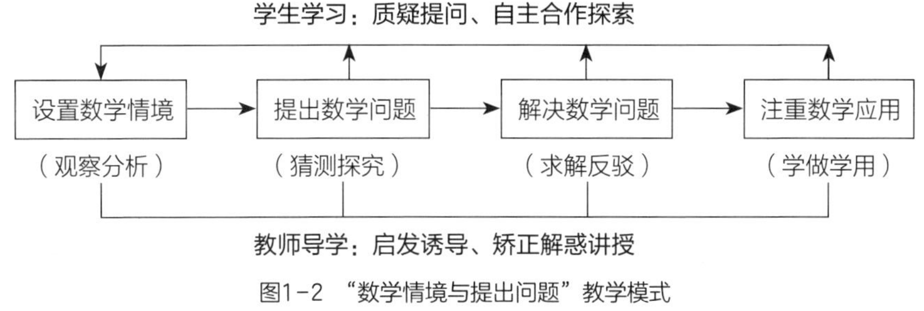

图1-2 “数学情境与提出问题”教学模式

上海市宝山区探索“问题化学习”已经多年，他们致力于培养学生敢于提问，提出有学科价值的核心问题，形成自主解决问题的通路。

近年来，在小学数学教学中促进学生提问并以学生问题引领学习方面，涌现了陈培群团队的“真问题”教学研究、潘小明团队基于“问题解决”的课堂转型研究、北京团队“问题引领儿童学习”教学研究、蔡金法教授与浙江萧山教师团队的“数学问题提出”教学研究、储冬生团队“问题驱动式教学”研究、游琼英团队“基于学生真问题的分享式教学”研究、顾志能团队的“生问课堂”教学研究、贲友林团队“学生视野中的小学数学问题研究”等众多团队的研究，这些实践更被视作我国小学数学实践的重要特征。

同时，在教师专业成长等方面，西南大学组织开展了问题提出的小学数学教师教学工作坊，为提升教师有效开展问题提出教学所应具备的素养做了比较充分的准备，包括教师对问题提出教学的信念（宋乃庆 等，2019）、教师问题提出的表现（李欣莲 等，2019）、教师问题提出的教学知识建构（张辉蓉 等，2019）、教师通过问题提出进行问题提出教学（陈婷 等，2019）等，并已有了系列成果。

（三）问题提出研究的新趋势

蔡金法等人从国际上研究现状出发，论述了数学问题提出已回答和未回答的十个研究问题（Cai et al.，2015）：

（1）问题提出为什么对学校数学教育很重要？

（2）教师和学生是否有能力提出重要的数学问题？

（3）能否有效地训练教师和学生以提出高质量的问题？

（4）对于问题提出的认知过程，我们有哪些了解？

（5）问题提出能力和问题解决能力有什么关系？

（6）是否可以利用问题提出来测量创造性和数学学习结果？

（7）问题提出活动怎样才能融入数学课程？

（8）学生能够参与到问题提出活动的课堂是怎样的？

（9）技术如何被应用于问题提出活动？

（10）怎么样才能知道学生参与问题提出活动对其学习结果的影响作用？

其中教师如何进行问题提出教学是新趋势之一，它指向问题提出引领教学，倡导通过问题提出进行教学的两种方法：一是利用问题提出的任务来帮助教师学习重要的数学知识和教学知识，二是帮助教师学习如何将提出问题作为课堂上数学教学的有力工具。（Cai et al.，2019）

以上都充分表明了“问题引领学习”的重要性和前瞻性。

二、发展儿童数学眼光、创新人格等素养的要求

我们认为，无论是发展数学的眼光、数学地看世界，还是培育创新人格，都密切关乎这个时代学习者能力的发展和品格的养成，关乎核心素养的沉淀，契合时代对人才培养的要求。本章第二节中已经谈及问题以及问题提出对儿童学习的重要意义，总体来说，学生进行数学问题提出的活动，不仅能够帮助他们提升提出数学问题的能力（English，1998），增强提出数学问题的动机，发展数学问题的解决能力（Silver et al.，1996；Van Harpen et al.，2013；Cai et al.，2002；Singer et al.，2013），促进学生创造力的发展（Skinner，1991）[33]（Silver，1997），以及提升学生的自信心；还有助于教师了解学生的数学思维过程（Lavy et al.，2003），这里就不再重复论述了。以下以一项调研结果来再次阐明问题提出对儿童多方面发展的重要价值。

这次调研是在六年级学生通过“问题引领学习”开展单元学习后进行的，证明了“问题引领学习”对于发展学生核心素养和数学眼光，以及增进数学学习兴趣具有显著作用。依托“区域教育质量健康体检项目”（该项目由中国基础教育质量监测协同创新中心主持），在“比的认识”单元学习中，北京市海淀区一所小学的39名六年级学生采取“问题引领学习”的方式进行（3课时新授，2课时练习，1课时问题分享会）。单元结束后，我们首先询问了学生是否喜欢本单元的学习方式，39名学生中有36人回答喜欢，2人回答不喜欢，1人回答80%喜欢、20%不喜欢。

2名回答不喜欢的学生的理由分别是：“因为生活中有很多活动，长时间研究一个活动我觉得没有意思。”“自己的问题被别人舍弃，心里会不好受。”

表示80%喜欢20%不喜欢的学生不喜欢的理由是："因为老师给的问题是有范围的，我喜欢无范围的。"从理由来看，他们并不是不喜欢"问题引领学习"的方式，而是对活动设计以及学生问题的处理有着更高的期待，这值得老师们注意。

进一步，借鉴文献中评估学生对问题提出活动的感受及收获的题目（Kwek，2015），我们询问了学生"在发现和提出问题的活动中，你学到的最重要的事情是什么"。学生们表示收获最大的是学会了用数学的眼光观察世界（39人中有23人提到了这点）。表1–1呈现了实验班学生认为学到的最重要的事情。

表1–1　学生在这次活动中的收获

类型	学生回答频次	学生回答举例
用数学的眼光观察世界	23	生活中许多事物可以用数学来表达，我们观察生活中许多看似平常的事时，需要深入思考为什么，是什么让它变成这样的，以及这么做有什么依据。
发现和提出问题的意愿与能力	13	学会怎样提出问题，判断出什么是有意义的问题。
学习数学的快乐	10	最重要的是兴趣，太有意思了。
更会思考	8	以前我学习的过程中A就是A、B就是B，没有任何联想，现在这种方法让我在学习中更有想法。
探索精神	7	要不断地挑战极限，然后超越极限，提高能力，提高极限，然后再超越……
解决问题的能力	6	解决问题的能力也得到了锻炼。
和同伴的合作	3	和小组成员合作思考问题的能力。

前文在问题提出的价值部分详细介绍了问题引领儿童学习在培养创新人格、促进深度思考、加深数学理解等方面的价值，这些都是新时代学习者的重要素养。"问题引领学习"正好契合了新时代学习者素养提升的诉求，此为重要背景之一。

三、问题提出学习和教学现状的迫切需求

（一）学生问题提出的表现欠佳

前文提及曾经请学生描述自己心目中什么是问题，什么是好问题，什么是数学问题，什么是好的数学问题。调研发现，儿童不仅对问题以及好问题有一定的认识，并且他们的认识与已有研究高度契合。同时，调研还发现，儿童对问题的认识存在一定的局限性。比如，各年级学生在描述什么是数学问题和进行举例时，不少人局限在数的加、减、乘、除运算等方面。典型作答如下：

生1　在生活中需要计算的问题就是数学问题。

生2　我觉得就是关于数字的计算问题。

生3　数学问题是含有数学信息的问题，需要计算。

一些实证研究数据表明我国学生问题提出能力较弱，如陈丽敏发现五年级学生很难提出具有创新性的、复杂程度高的数学问题，学生对于自己能够提出好的数学问题缺乏信心（陈丽敏 等，2013）；曾小平通过初二学生的问题提出测试发现，学生主要从常规求解角度提出数学问题，创新精神和实践能力缺乏（曾小平 等，2006）；哈本（Van Harpen）和斯里兰卡（Sriraman）发现中美两国优秀高中生的数学问题提出能力较弱（Van Harpen et al.，2013）；等等。

武维民、高冬梅等在2011年北京市某区进行的调研中发现，学生进行问题提出时的困境具体体现在：整体观察、建立联系的能力较弱，有时候不能清晰、完整地表达问题，缺乏想象力和独创性，提问角度不够丰富，主动提问的意识不够，等等。总之，学生提问的数量、种类及所提问题的新颖性都有较大发展空间。

（二）课堂教学中提问机会的缺失

在实际教学中，学生发现和提出问题的机会是比较少的。2012年，北京市某区举办了"骨干教师课堂教学展示"活动，在各学校申报并经过区级遴选进行展示的22节课中，竟然没有一名学生自主提出过问题，教师也没有给学生展示好奇心、提出问题的机会。

虽然课程标准将发现和提出问题作为重要目标提出，但由于缺乏此方面的具体要求，教材和教学中即使有发现和提出问题的活动，往往提供的情境也并不开放，学生一般只能根据给出的信息提出常规问题，因而限制了思考的广度和深度。而教师对于学生提出的问题，往往只挑选与自己教学设计相符合的解决，对其他问题采取了回避的态度。因此，学生问题往往只是成为学习本课内容的"引子"，多数是为了引出所要学习的知识，而非将学生的问题作为重要的学习素材，更没有把学生发现和提出问题作为重要的学习目标。特别是这种教学造成了学生理解上的"偏差"，有的学生看到问题首先想到的就是课堂上提出的常规、纯计算的数学问题。如果我们的教学限制了学生的思考水平，不仅会妨碍学生问题提出水平的提高，时间久了还可能减弱学生发现和提出问题的兴趣和意识。（张丹 等，2017）

前文提及课程标准一直关注并明确倡导问题提出，但是从课程标准的要求到教材中的活动，再到课堂教学中的真实、深度、有效的活动，显然仍有漫漫长路要走。为实现课堂教学中有效的学生提问，有研究者提出三条策略并在教师专业发展的活动中取得了效果：从观念开始，教师需要成为课程材料的再设计者，创造问题提出的机会；在众多问题提出活动类型中，关注示例性的问题提出任务，以此为支持，帮助学生积累问题提出的经验；利用综合性的问题提出活动，提出不同难度的问题，既满足不同学生的认知需求，又让教师了解学生的思维水平。（王嵘 等，2020）当前国内已有一些利用问题提出进行教学的尝试，发现了问题提出教学法相较于传统教学法的优势，能够更好地促进学生潜能发展，也论证了它在课堂教学中的可行性。（徐冉冉 等，2020；陈婷 等，2019）实际上，这对解决课堂教学中提问机会的缺失问题提供了一些解答。

因此，如何能够鼓励学生提出基于思考和好奇的真问题，并且在课堂上真正基于他们的问题开展学习，这些都是亟待进一步研究和实践的。本书确立了将学生作为数学教育研究和实践的基本立场，强调数学教学要符合学生的数学学习规律，而学生的数学学习正是不断发现问题、解决问题的过程。因此，数学教学应该基于学生的问题，利用他们的问题来引领学习。

总之，学生的问题作为目标、动力和途径，将一直引领着学习的发展和深入。问题引领了学生的学习需求，引领了学生的思维，引领了学生的探索和发现。我们期待着用问题引领学习，进一步用问题引领学生的创新意识，引领学生的好奇与自信，引领学生的探究与交流，引领学生的思考与实践。正如一位学生在经历“问题引领学习”后的感言一样：“学习就是你带着很多很多的问题，尝试去解决它们，接着又产生了很多很多新的问题，然后再去解决，如此反复的过程！”

第二章

什么是“问题引领学习”

“问题引领学习”是指基于学生真实问题开展的学习。儿童的学习本身就是不断发现和提出问题的过程，他们喜欢提问并能提出有价值的问题，进而以之引领学习。“问题引领学习”包括三个要点：学会提问，因问而学，问学交融。儿童的问题提出既是我们所追求的目标，也是引领学生学习和获得多方面发展的途径。

第一节　从儿童的学习过程谈起

在前一章，我们已经认识到问题以及问题提出的价值，以问题引领学生的学习成为国际数学教育研究的新动向，它对于学生创造性人格的培养、核心素养的落实、关键能力的形成都具有显著作用。而实际教学中，学生主动提问机会缺失，这呼唤我们提供更多的鼓励学生提出问题的学习机会，并进一步以问题引领儿童深度学习。本章将聚焦问题引领学习的内涵以及儿童在此过程中的学习和思考展开阐述。

儿童既是问题的解决者，也是问题的生成者——儿童试图解决呈现给他们的问题，他们也在寻找新的挑战。（布兰思福特，2013）因而，儿童的学习过程是问题提出和问题解决交织往复的过程。

一、儿童的数学学习是不断发现问题、解决问题的过程

（一）数学学科发展史是不断发现问题、解决问题的过程

“问题是数学的心脏”，数学的发展始于问题提出，数学学科的发展史本身就是不断提出问题和解决问题的过程，其发展的基本模式是提出问题、解决问题、提出新问题、解决新问题……（李祥兆，2005）可见，数学的发展不仅围绕着问题展开，还是一个“问题提出”与“问题解决”不断交织的过程。（夏小刚，2005）《数学家的观点对数学学习的启示》一文指出，作为数学家，他们认识数学，改造数学，研究数学，争取“自由”的真实体验和观点，为我们提供了认识和学习数学的思路，阐释了对学生数学学习的启示：一是数学家从问题开始研究数学，二是实验和证明是数学家研究问题过程中的两个阶段，三是数学家在合作中研究数学，四是数学家也会犯错误

和失败。（范文贵，2007）由此可见，数学家的思维路径也从发现问题开始。

实际上，学生的学习往往从问题出发，问题提出对于深度学习和主动学习具有重要意义；问题提出后需要不断思考和探索并尝试解决，即问题的提出伴随着问题解决，这也是促进学生提出“负责任”的问题的关键之一。合作探究是进行问题解决的重要路径之一，但是个人的沉浸式思考依然具有不可替代的意义，即使在合作学习中，最为关键或者最不可或缺的仍是学习者独立的深思。此外，即使数学家也会犯错误，也会失败，何况学生？因此，在问题提出及探究过程中，我们要始终尊重儿童的“迷思”，并鼓励其在发现和修正“错误”中成长。

（二）儿童的学习过程是发现问题、提出问题的过程

除文献支持外，我们也通过个案调研充分证实了儿童的主动学习过程就是不断发现问题、提出问题并解决问题的过程。他们喜欢问题提出的形式，一旦给以真实、开放的情境，他们就可以产生丰富的问题，并在问题解决中进行主动和深入学习。

下面的案例充分表明，儿童的学习过程就是不断发现和提出、分析和解决问题的过程。

案例

小乐是四年级学生，关于“整数除以整数结果为小数”，她有如下思考过程。

师　四个人去吃饭，一共花了97块钱，现在他们准备AA制，这里有什么需要解决的问题吗？

小乐　如果AA制，平均下来一个人多少钱？（学习自然地从解决生活中的问题开始。）

小乐列出了算式97 ÷ 4，运用竖式进行计算，得到商24，余下1。

小乐　有点问题了，1元不能分了，怎么办呢？(在解决问题的过程中产生了新的疑问。)

师　真的不能再分了吗？

小乐　1元有10个1角，10个1角也除不开4。接着再换成分，好了，每人付24元2角5分。

师　解决了吗？还想研究点什么？

小乐　解决了。我还想换一些数再试试，看看这个办法还行不行。(学生的好奇使得学习得以继续。)

在尝试解决了“82 ÷ 20”“96 ÷ 30”以后，小乐觉得找到窍门了：如果有余数，只要将元换成角，再把角换成分就行了。

师　那么我们以后所有的问题都需要化成元、角、分吗？

小乐　哦，我想知道是不是能用竖式把所有问题都解决。(教师激发学生提出了想要寻求一般方法的问题。)

小乐又开始了新的尝试。师生一起写出了几个式子，开始时，小乐还需要借助元、角、分来思考。逐渐地，她开始利用小数的意义进行思考，自己“创造”出小数除法的竖式。师生又一起讨论了竖式中每一步的意思。在利用竖式计算97 ÷ 30的过程中，小乐发现了一个有趣的现象。

小乐　结果开始重复了。

师　你对这事好奇吗？

小乐　好奇。它有可能重复完吗？这种重复不完的怎么表示呀？

（此时从小乐的眼神里可以明显地看出她的兴奋，新的问题又产生了。）

从上面的例子不难看出，小乐的学习过程就是一个不断发现问题、提出问题、分析问题、解决问题的过程。在对多个学生的调研中，我们都看到了学生类似的表现。因此可以说，问题引领了学生的学习需求，引领了学生的思维发展，引领了学生的探索和发现。学生具有提问的基础，并能结合问题进行学习，会更加促进数学理解的深入。

（三）实践表明儿童的问题能够引领他们的学习

1. 儿童喜欢提问并能利用问题展开学习

在“问题引领学习”近十年的实践过程中，大量实验以及学生的生动表现不断证明着学生喜欢提问，并且能够提出丰富的问题，而且他们的问题能够促使学习真实、生动地发生。例如，北京市万泉小学的胡益红老师以“天文馆中的数学问题”为主题，采取了“问题引领学习”的方式。首先，为学生提供了真实的天文馆剧场的节目表及票价信息（见表2-1），鼓励学生们结合生活经验和学习经验，尝试着发现问题、提出问题和解决问题。

表2-1　北京天文馆剧场的影片节目表及票价信息

<table>
<tr><th>剧场名称</th><th>票价</th><th>影片节目名称及时长</th><th colspan="2">平日（周二至周五）</th><th colspan="2">周末（周六、周日）</th></tr>
<tr><td rowspan="3">天象厅</td><td rowspan="3">成人票45元/场
儿童票35元/场

家庭票
（2大1小）
110元/场</td><td>《奇妙的星空》
（33分钟）</td><td>13:10</td><td>14:00</td><td>10:00</td><td>12:40</td></tr>
<tr><td>《UFO与外星人》
（23分钟）</td><td>10:40</td><td>11:55</td><td>11:15</td><td>13:55</td></tr>
<tr><td>《星空音乐会》
（34分钟）</td><td></td><td></td><td>15:05</td><td></td></tr>
</table>

续表

剧场名称	票价	影片节目名称及时长	平日（周二至周五）		周末（周六、周日）	
宇宙剧场	成人票45元/场 儿童票35元/场 家庭票 （2大1小） 110元/场	《迷离的星际》（22分钟）	10:00	11:15	10:45	14:30
		《系外行星》（3D）（30分钟）			11:55	
		《古玛雅的天文》（20分钟）	12:40	14:05	13:25	
		《天上的宫殿》（21分钟）			15:50	

给了学生足够的思考时间后，学生们提出了丰富多彩的问题，有的问题具有数学的味道，有的问题贴近生活，架起数学和生活的桥梁。下面摘取两位学生的问题以做示例。

生1　（1）2张成人票、1张儿童票和家庭票哪个便宜？便宜多少元？

（2）一家人可以把所有的影片都看完吗？

（3）按什么顺序可以把所有的影片都看一遍？

（4）平日和周末影片的时间安排有什么区别？

生2　（1）如果他们12:00离场，最多可以看几场？

（2）如果他们从11:00开始看，最多可以看几场？

（3）买家庭票比单独买票便宜多少元？

（4）一天不重复，最多能看几场？

（5）小明看了10:00的《奇妙的星空》，还能看10:45的《迷离的星际》吗？

2．儿童以问题引领学习

接着上面的例子，在学生独立提出问题的基础上，大家分享问题，并共同选取了下面十个问题引领后面的学习：

（1）周二至周五最多能看多少部影片？和周末相比，多看或少看多少部影片？

（2）我们平日在天象厅看了两场，最早可以几点回？

（3）如果他们从11:00点开始看，最多可以看几场？

（4）看两场《迷离的星际》，需要间隔多久？

（5）宇宙剧场结束时间最晚的是哪一部影片？

（6）平日和周末影片的时间安排有什么区别？

（7）天文馆的时间表为什么这么安排？

（8）如果不这么安排，还能怎么安排？

（9）如果所有的影片都观看，能不能做到？如果想观看尽可能多的影片，可以怎样调整安排？

（10）是买家庭票便宜，还是买两张成人票、一张儿童票便宜？

面对这些问题，学生们首先交流讨论哪些问题表述的意思是类似的，并将问题进行了分类。在此基础上，每位学生选择三个最感兴趣的问题进行解决，并在学习单上写明解决的过程和选择这一问题的原因。进一步，聚焦大家选择最多的几个问题进行了全班交流，其余问题则在班级的问题角中进行了分享。

除了我们的实践，国内也有学者进行了调研。例如，对“正多边形的推广——‘分数’多边形”课例和利用几何画板开展探究性数学学习的案例分析可以看出：只要教师给学生提出问题的时间和机会，学生就能够提出一些有价值的问题，有一些问题甚至超出教师预料，学生可以沿着自己感兴趣的问题继续走下去，探索出自己的研究结果。（邱红松 等，2004；范文贵，2003）

3. 儿童喜欢问题提出的学习方式

这里需要特别指出的是，学生不仅能够开展“问题引领学习”，而且普遍反映对这样的学习方式尤其喜欢，“生动”“有趣”“开心”“收获”“有意思”“好玩儿”“开放”是频频出现的关键词。学生以其真实、童稚的话语表达着对问题提出活动形式的喜爱。

生1　我觉得这次数学活动非常有趣，因为我们把数学应用到生活中了。我特别喜欢通过这样的方式来学习数学知识，其中我最喜欢的是提问题的环节，因为只有提出问题后才能思考。我还喜欢看同伴提出什么样的问题，所以我喜欢这个环节。

生2　我特别开心参加这个活动。老师让我们对时间表先提出自己的问题，然后再倾听同学的想法和思路，让我们相互学习。在今后的学习过程中，我要更加善于提问，先问自己，反复思考后，再倾听别人的问题，从中获得启发，然后通过交流学习别人的长处，让自己获得更大的进步。谢谢老师的引导鼓励，我也会好好加油的！

这些生动的语言让我们更加笃定问题的价值、问题提出的价值，以及以问题引领学习的价值。

二、儿童在探索数学和应用数学中提问

探索数学、应用数学是儿童与数学“打交道”的两个重要形式。“问题引领学习”的研究显示，儿童在对数学对象进行深入持续探索、理解数学知识，以及在真实情境中应用数学时，都能够提出有价值的问题，并以此撬动学习，引领学习。为突出探索数学与应用数学各自的特色，下面我们将分别加以阐述，但是二者并非泾渭分明，而是多有交叉重叠之处的。

（一）儿童在探索数学中提问

2011版课标的课程基本理念部分提出：“课程内容的选择要贴近学生的实际，有利于学生体验与理解、思考与探索。”对数学的探索能够帮助学生形成对数学的好奇心和想象力，发展创新意识与科学的价值观。而能够在实际情境中发现、提出问题，并对问题进行探究，也是义务教育阶段学生具有数学的眼光的重要表现之一，是数学学习的重要方式之一。布兰思福特（John D.

Blansford）在《人是如何学习的：大脑、心理、经验及学校（扩展版）》一书中，也明确提出探究式是重要的学习方式之一，而问题是探究的源头及对象之一。（布兰思福特，2013）[100]可见，问题是探索过程中的重要对象，学生可以基于问题进行探索，也会在探索过程中持续产生新的问题，并以问题引领着学习，走向深入。

激发学生的好奇心，让他们自主提问，再使他们基于其好奇心进行学习，是启动深层次探索的重要因素。对数学对象的探索过程经常会用到归纳、类比、演绎等推理。（陈亮 等，2003）我们在此所指的儿童在探索数学中的提问包括：学生在形成数学知识、理解数学知识、寻求联系等过程中开展探索时所产生的问题；在此基础上运用归纳、类比等提出的猜想，以及验证猜想后提出的新的问题。

比如，面对密铺问题的探索，学生会提出问题“什么样的图形可以密铺?”，在此基础上进一步思考从而提出猜想。其中，归纳是通过经验过的东西推断未曾经验的东西，也就是人们通常所说的从特殊到一般的推理，如学生提出如下猜想：正三角形可以密铺，正方形可以密铺，是不是所有的正多边形都可以密铺?

类比是从两个对象的部分属性相似来推演这两个对象的其他属性也相似，如学生有如下的猜想：长方体的体积等于底面积乘高，圆柱和长方体都是“上下一样粗”的，是不是圆柱的体积也等于底面积乘高?

概括来说，学生可在探索数学的过程中提出疑问和数学问题；基于问题通过归纳、类比等提出进一步的猜想，并在此基础上验证猜想；进一步拓展猜想，提出新的问题。

（二）儿童在应用数学中提问

数学应用包括数学的内部应用和外部应用，这里我们所讨论的是数学的外部应用，即将数学应用于它的外部，最直接的是应用数学的知识、技能，最本质的是应用数学的思想、方法，最普遍的是应用数学的语言、精神。（曹培英，2015）

对小学生而言，重要的是应用意识和模型意识的培养。在小学阶段，学生具有应用意识通常表现在两个方面：一是应用数学的概念、原理和方法解释现实世界中的现象；二是发现现实生活中包含的与数量和图形密切相关的问题，能进一步抽象成数学问题，并尝试解决。具有模型意识通常表现在：意识到数学模型可以用来解决一类问题；认识到现实生活中包含着大量与数量和图形有关的数学问题；能有意识地用数学的概念与方法尝试解决问题，形成一类数学问题，建立数学模型予以解决。模型意识有助于增强数学的应用意识。

学生在应用数学的过程中，可以在以下几个方面提出问题。

第一，当学生有了数学对象时，主动寻找相应的生活情境；如果这个数学对象本身就是实际情境引入的，可以迁移联想其他情境。为此，我们可以进行根据数学对象提问以及讲故事的问题提出活动。例如，给学生3×2的算式，鼓励学生提出能用此算式解决的实际问题，感受数学的应用；又如，学生学习了长方体的表面积、体积后，鼓励学生寻找生活中可以用长方体表面积或体积知识解决的真实问题。

第二，面对一个实际情境，在情境中发现数学的存在，由此从情境中获取信息，提出问题，更鼓励学生在真正的生活情境中发现和提出真问题。“问题引领学习”进行了大量相关教学实践。例如，创设情境，鼓励学生进入情境，观察和联系信息从而提出问题（如前面提到的“天文馆的时间表为什么这么安排?”“我们平日在天象厅看了两场，最早可以几点回?”）；鼓励学生对一个真实情境中的现象提出“如果不这样，那么会怎样”的问题（如上面提到的“如果不这么安排，还能怎么安排?”）；并鼓励学生在对真实情境中的对象进行评价的过程中提问（如前面提到的“如果所有的影片都观看，能不能做到？如果想观看尽可能多的影片，可以怎样调整安排?”）。

第三，尝试经历、体验数学建模的过程。在基于当前情境提出问题，并解决了具体情境的问题后，学生可能会产生解决一类问题的内在需求，而此时提出的问题往往可能成为数学建模的开始。

总之，发现和提出问题是应用数学的重要表现和关键环节，学生基于真实问题，在问题解决中进行数学应用，架起数学与现实世界的桥梁。此外，在数学应用过程中，学生又不可避免地产生新的问题，并在提出和解决新问题的过程中，进一步加深对现实世界的构建与理解，促进数学学习走向持续和深入。

后文将结合具体案例详细阐释儿童在探索数学和应用数学过程中的问题提出方式和思维路径。

三、儿童发现和提出问题的思考过程与特征

（一）国内相关研究

心理学家对儿童发现和提出问题进行了深入的研究，如问题提出的认知模式等，以更好地了解儿童问题提出的心理图式、思考过程和特征。

近年来，张玲等人对问题提出中数学交流的模式建构进行了理论探析，认为问题提出在数学交流中的模式主要有三个部分，分别是“输入”“内部加工”“输出”。如图2–1所示，数学问题提出的交流源自情境，“输入”阶段即为理解情境的过程，“内部加工”是对信息的加工和重组，“输出”是语言组织的过程，最后以问题的形式进行表达。（张玲 等，2019）

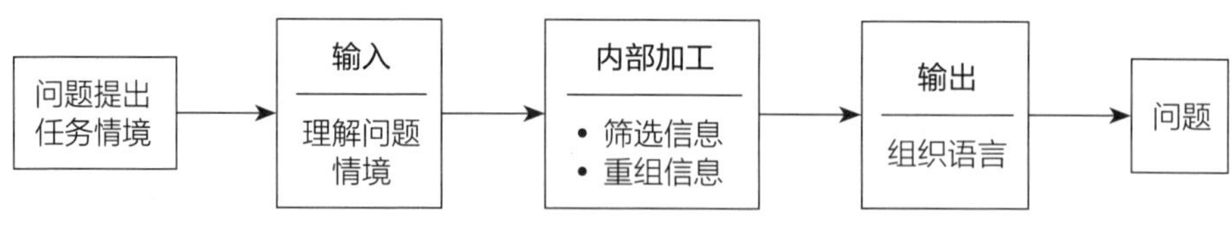

图2–1 问题提出中数学交流的一般模式

早在21世纪初，贵州师范大学吕传汉教授团队就开发了中小学“数学情境与提出问题”教学模式（见前文图1–2），以期培养学生的创新意识和实践能力，改变学生提出数学问题能力低、解决问题只重视结果不重视过程的现状。

吕传汉、汪秉彝等人从内隐与外显两个视角来描述问题提出活动的过程。（见图2-2）（吕传汉 等，2006b）问题提出活动的外显行为是主体以书面或口头方式表达数学问题的过程；而内隐层面则是主体基于对情境的观察分析，对问题信息进行收集、选择和处理，产生认知冲突、形成问题意识和生成数学问题的思维过程。

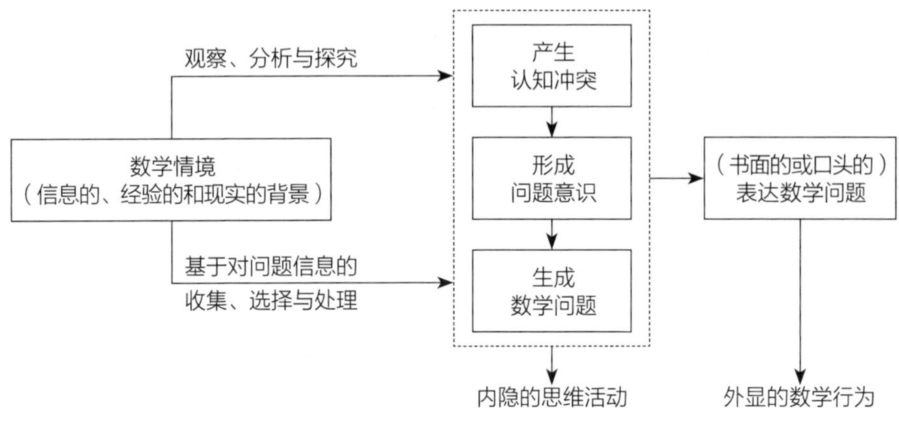

图2-2　问题提出的内隐与外显过程

（二）国外相关研究

皮塔利斯（Pittalis M.）等人架构了问题提出认知过程的理论模型，认为问题提出涉及四个认知过程：筛选过滤信息，转化信息，理解组织信息和编辑信息。（见图2-3）（Pittalis et al.，2004）

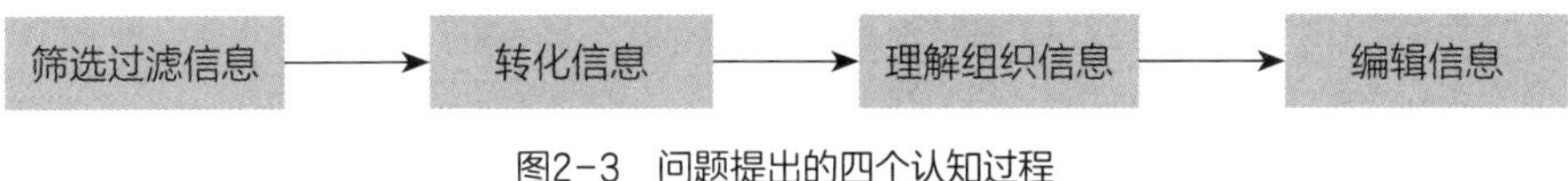

图2-3　问题提出的四个认知过程

Cai（2005）观察了两名学生在开放式数学探索中的表现，得出学生不断利用“如果是这样，那么会怎样”和“如果不这样，那么会怎样”来阐述问题，并且在行为中综合表现出假设驱动与数据驱动的两种不同水平的推理策略。

孔托罗维奇（Kontorovich）等人则依据舍恩菲尔德对问题解决界定的五个维度，即“知识基础”“问题解决策略”“监控过程”“信念和情感”“实践”，进一步得出问题提出的框架。在这个框架下，问题提出囊括了“知识基础”“启发式方法和计划”“群体动态和交互”“个体倾向的考虑”“任务组织”。（Kontorovich et al.，2012）

（三）“问题引领学习”课题组的探索

基于文献解读及框架构建，我们依托“问题引领学习”课题组，首先编制了有关四年级学生发现和提出问题思考过程及特点的调研问卷。问卷包括三个维度：第一，通过问题提出促进理解。主要是针对学习的重点内容，鼓励学生根据情境图或者表格提出问题，以及根据数学对象等提出可以用此解决的问题。第二，发现生活中的数学问题。在真实情境中鼓励学生发现和提出问题。第三，在数学探索活动中提出猜想。在数学活动中，鼓励学生通过归纳、类比等提出新的猜想。

调研问卷制定后，对北京市朝阳区两所实验学校、西城区两所实验学校的学生进行了初步访谈，并进行了数据分析。通过访谈初步发现，学生在发现和提出问题的过程中，进行了情境联想、规律驱动和关联思考。

情境联想　能够主动联想以前经历过的情境和获得的经验，并将其迁移到新的情境中。

规律驱动　能够从特殊的例子或者特殊的问题出发，主动寻找一般规律，并尝试对规律进行验证和改进。

关联思考　解决问题过程中或者问题解决后，能够主动建立联系，从而促进新的思考。

总之，关于学生发现和提出问题的思考过程与特征的研究，相应的成果是比较少的。我们在前期的调研中也发现了学生在发现和提出问题过程中的三个基本特征：情境联想、规律驱动和关联思考。但这些特征需要进一步深化和丰富，进一步地，对于学生在发现和提出问题过程中是否会存在困难、存在哪些困难，都是需要进一步思考的。

无论是生动的课堂案例，还是丰富的文献佐证，以及对实践的调研，都显示了儿童有着天然的好奇，具有自发提问的内在需求。基于此，进一步深入开展问题引领学习的研究，具有深刻的实践和理论价值。

第二节　问题引领学习的内涵

本书开篇即提及："问题引领学习"是指基于学生真实问题开展的学习，在这样的学习中，既将学生发现、提出问题作为与分析、解决问题同等重要的学习目标，又将发现和提出问题、分析和解决问题作为学习的途径，从而激发学生主动学习的兴趣和好奇心，促使他们理解所学知识和方法，提高发现和提出问题、分析和解决问题的能力，学会数学地思考，发展创新人格。

一、问题引领学习的三个要点

具体来说，"问题引领学习"包括三个要点（张丹 等，2018）：

学会提问　发展学生发现和提出问题的意愿与能力是学习的重要目标。

因问而学　真正的学习从学生发现问题开始，不断产生问题也成为学习的动力。

问学交融　学生一方面在不断发现、提出、分析、解决问题中学习、应用和发展所学的知识与方法，另一方面在学习过程中不断发现和提出问题。

下面将结合基于"问题引领学习"理念进行的"比的认识"单元整体教学设计，详细解读这三个要点，以进一步明晰"问题引领学习"的内涵。"比的认识"是六年级的学习单元，包括认识比的意义、比的化简以及利用比的意义解决简单实际问题。我们在北京市海淀区一所小学的六年级选择了一个班进行该单元的整体实施。

（一）学会提问

在这个案例中，学会提问主要表现在三个方面：**第一个方面是根据真实情境提出问题。**

研究表明，具备新颖性、复杂性、不确定性和冲突性的事物都能够引发人们的好奇，促使人们去探索和研究。（巴雷尔，2016）因此，为了促进学生学会提问，需要关注儿童好奇心和学习兴趣的唤起。

在“比的认识”单元中，教师参考了北师大版教材的情境图（见图2–4），情境图引导学生观察并思考：哪几张图片与图A像？学生初步判断图C和图E不像，图B和图D像，然后把它们放在方格纸里研究长和宽的比。

图2–4 “比的认识”情境图

基于情境图，为了更加突出研究“像”与“不像”的必要性，了解面对这个现象学生还有什么其他的想法和问题，教师创设了“拉伸照片”的情境任务，具体设计如下。

> 我们在完成制作小报等实践作业时，常常需要在文档中插入长方形图片，并根据需要不断“拉伸图片”，以调整到合适的大小。不知你是否留意过这个过程？实际试一试，看看这里面有没有你感兴趣、值得研究的问题。

教师提前几天布置了此任务，鼓励学生多实践，并将自己的思考记录在表2–2中，即让学生进行“情境体验”。因为“好”的问题往往是在人们“玩味”所学习的事物时产生的。

表2-2 “拉伸照片”中的问题记录单

我是这样做的	
我最感兴趣、认为最值得研究的问题是	
我提出这个问题的理由是	

学生在实际操作中观察到图片的变化，初步体验到图片是否“变形”与长方形的长、宽有关，产生学习“比”的需求；并在“玩”数学的过程中不断发展出提问的意愿，自然而然地发现并提出了很多有意思的问题。最后，全班一共提出了38个问题。这些问题大部分是关于图片拉伸前后的关系的，也有一些与“比”相关的其他数学问题。

除了数学问题，学生还提出了不少非数学问题。如：能否设计一个软件让图片一次性就拉伸好？为什么拉伸照片时鼠标会变成两个箭头，而不是一个箭头？等等。一个真实情境不仅可以使问题自然聚焦到接下来需要学习的内容上，还可以突破学科的限制，引发儿童对生活现象的多角度关注。

学会提问的**第二个方面是对提出的问题进行整理**，包括读懂别人的问题，对大家的问题进行分类，并规划进一步的学习路线。在这一过程中，学生也将不断澄清自己的问题，学习他人提问的角度。

第三个方面，是在最后的问题分享会等活动中积累反思提问经验，不断把问题想清楚、提明白。这个案例具体会在本书第四章详细阐述。

（二）因问而学

提问是目标，也是手段。在“问题引领学习”的价值观念中，学会提问并提出问题不是学习的终点，而是新的学习的起点，即在所问基础之上进一步学，因问而学。

“比的认识”单元中，学生产生的丰富问题是他们进一步学习的重要基础。将大家的问题进行分类后，让学生在每一类中挑选一些有代表性的问题开展学习。

（三）问学交融

这一理念之下，问和学不是割裂的、孤立的，也并非存在着严格的先后关系的，而是问中学，学中问，彼此交融，不可分割。实际上，在提出问题、整理问题、规划学习路径的过程中，学习已经自然发生了。进一步地，在学习的过程中，或曰问题解决的过程中，学生将学习有关的知识和方法，同时又会产生新的问题。

比如，面对“怎样调整长和宽，才能让图片不变形?”的问题，教师从一名学生的问题单入手，鼓励学生们尝试解决。（见图2–5）

图2–5　一名学生问题单中的学习素材

通过讨论，大家感觉图片1和图片3没有变形，图片2变形了。但也有学生提出质疑：仅仅用肉眼判断不够，有没有其他的办法说明图片没有变形？新的问题引发了新的探索，学生们利用方格纸测量了这些图片的长、宽，并分别比较了每幅图片中长是宽的几倍，以及图片1、图片2、图片3的长和宽分别是原图的几倍，最后得到如果将原图的长和宽按照一定的倍数进行拉伸，图片就不会变形的结论。在此基础上，教师引入了“比”的概念，并引导学生用比来刻画上面情境中的关系，鼓励学生描述生活情境中存在的比的关系。

在学习了比的概念后，又有学生提出了新的问题：如果图片2、图片3都是图片1经过拉伸后得到的，并且都不变形，那么图片2和图片3之间长和宽的比也是一样的吧？于是，大家一起把某一图片在方格纸上进行“拉伸”，并讨论了拉伸后的多幅图片中长、宽的比与原来图片的关系，由此讨论了如何将比进行化简。在此基础上，学生自然地提出疑问：任意一个比都能够进行化简吗？商不变的规律在比中还适用吗？由此，学习了比的化简。

在这节课的最后，学生又提出了一个问题：比及比的化简在生活中有什么用处呢？这就自然引入了“比的应用”的学习。

从上述教学片段，可以清晰看到学生在学习过程中不断自然地产生新的问题，并将新的问题作为学习的新方向，引领学生的学习需求，引领学生的思维，引领学生的探索和发现。

二、“问题引领学习”的学习模型与核心特征

（一）“问题引领学习”的学习模型

“问题引领学习”的学习模型体现了学习的全过程。（见图2-6）

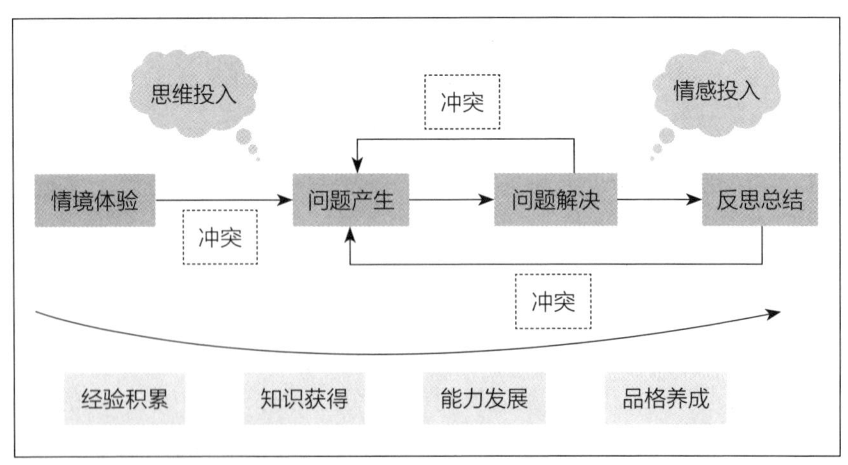

图2-6 “问题引领学习”基本模型

这一模型呈现了发现和提出问题、分析和解决问题的全过程：学生在真实情境中进行体验，由于情境与已有经验发生冲突产生疑问，疑问的表达蕴藏着问题的提出；进而经过思考，这些疑问转化为可以讨论的问题。通过持续而深入的自我探索与合作交流，学生经历解决问题的过程，运用所学的知识和方法解决问题，或者进一步学习新的知识和方法。随着解决问题过程的深入，学生可能产生新的问题，并以新的问题为新的生长点带动学习。继而，在反思中总结所学知识和方法，建立内容之间的联系。而反思的过程同样可能引起新的冲突，从而在冲突与矛盾中产生新的问题。

从问题产生到问题解决，再到反思总结，不是线性的，而是一个循环的过程，且“循环节”并不固定，即并非一定完整经历从问题提出到反思总结后再循环，而是在这个过程中随时可能出现新的问题契机，进行循环。在这一循环学习过程中，儿童的思维投入和情感投入至关重要，二者关系着学习的深度，以及学习的可持续性。问题的提出和解决持续呼唤学生的思维和情感投入，他们以独立沉浸式深思或小组合作形式开展探索，进行深度而富有想象力的思考和尝试。

在这个过程中，我们期待为儿童带来经验积累、知识获得、能力发展、品格养成。经验既包括数学学科的基本活动经验，也包括问题提出和解决的经验；知识主要是数学学科内部知识和方法，以进一步促进儿童架构起对数学的理解，也包括所涉及的跨学科的知识和方法习得；能力是多元的，这一过程中既有数学学科的基本能力，也有问题提出的能力，还有深度学习与探究的能力、合作学习的能力等多方面；所期待培养的品格主要包括批判质疑、勇于探究的科学精神，以及创新人格等。

需要注意的是，“问题引领学习”并不是一种简单的学习模式。为了避免程序化的学习，我们不要求所有的学习都有固定的程序，图2–6只是提出了“问题引领学习”的基本模型，凡是符合这一理念的方式和策略都是值得鼓励的。总之，我们希望问题提出的活动能够为学生提供更为丰富的学习机会，利用问题提出和解决的活动促进学生的学习思维发展和情感投入，从而获得多方面的发展。

（二）“问题引领学习”的核心要素

基于“问题引领学习”的理念，我们不断进行丰富的教学实践，并在实践中探索出“问题引领学习”的课堂样态。它立足真实情境，充满丰富的提问机会，激发学生深度思考，联动多元参与，提倡大单元的主题设计。具体说来，有如下核心要素。

第一，立足真实情境。“问题引领学习”的课堂鼓励从真实情境出发，让儿童提出真实的问题，以此认识真实的世界。“问题引领学习”的真实情境具有这些特点：真实可感，富有意义，引发冲突，开放有趣。这样的情境可以将学生引领到更为贴近其经验与好奇的“问题世界”。

第二，丰富的提问机会。“问题引领学习”的课堂从情境出发，通过创设鼓励提问的氛围，鼓励儿童在学习过程中自主提问。此外，还通过设计明确的开放性的问题提出活动，将提问本身作为目标，让儿童敢提问，能提问，不断提升其提问力，在此过程中，教师要尊重每一个儿童提出的问题。

第三，激发深度思考。“问题引领学习”的课堂充分尊重儿童的好奇心，以儿童的好奇和亲身提问触发主动学习，进而促进独立思考、主动探究和深度学习。要不断鼓励儿童思考如何提出问题和产生进一步的猜想，如何开展后续研究。而学会思考，通过思考和探究不断培育科学家精神以及创新人格，正是“问题引领学习”的本源诉求。

第四，互动分享。“问题引领学习”的课堂是鼓励沉浸式学习的课堂，这种沉浸式学习既包括儿童的独立思考，也包括儿童在团队中互动、分享与思考：儿童之间不断互动交流，分享问题，分享解决问题的过程与方法，也分享丰富的收获等。

第五，大单元主题设计。发展数学思考能力和创新人格，需要鼓励儿童在整体设计中经历“长程”学习过程，大单元正是这样一种整体设计。“问题引领学习”的课堂是基于大单元的，并以主题形式延续大单元的学习。例如，“二维、三维图形转化，发展空间观念和推理能力”是一个主题，在此主题之下，“圆柱与圆锥”单元自然融入，这一主题还统领了其他立体图形

（如小学阶段还包括长方体）的学习。有关内容会在本丛书的《小学数学单元教学：基于儿童真实问题》中详细阐述。

三、教师问题与学生问题

鼓励学生提问并不排斥教师提问。在学生学习过程中，教师也需要根据学习目标提出问题，这些问题往往体现了学科中的重要方法以及需要学生深入思考的地方。实际上，“问题引领学习”中学生问题和教师问题会相互作用，共同推进着课堂学习的进程。

（一）教师问题和学生问题相互作用

我们实践了教师问题和学生问题相互作用的如下三种形式。

教师问题主导型的学习：在这种学习中，教师问题决定着课堂学习的进程。但是，教师也适时鼓励学生自己提出问题。学生的问题如果与教师的问题一致，则被自然纳入课堂学习，学生的其他问题虽然不一定被纳入学习进程，但也要得到教师的肯定。比如，教师可以鼓励学生将自己的问题记录下来并进行课外探索；或者粘贴在教室的“问题角”中，鼓励感兴趣的学生自己寻找问题的答案，并提供一定的机会分享他们的发现。

师生问题合作型的学习：教师问题和学生问题共同决定着课堂学习的进程。教师根据单元的学习目标设计问题，并鼓励学生在学习进程中不断提出问题，同时根据学生问题与所学内容的关系以及学生群体感兴趣的程度，经过协商，将学生的部分问题整合到教师问题中。与教师问题主导型的学习一致，对于没有被整合的学生问题，可以鼓励学生自己探索，并提供机会进行展示和交流。

学生问题主导型的学习：学生问题决定着学习进程，包括学生开始提出的问题和学习过程中不断产生的问题。课堂学习顺着学生不断产生的问题而展开，在此过程中学习、巩固和应用知识与方法，真正达到“问学交融”。

学生问题主导型的学习这一过程主要包括：在情境体验中，学生产生问题；对于学生的问题进行必要的澄清、分类、排序、选择等，规划解决问题的进程和方法；在按照规划解决问题的过程中，学习新内容，巩固和应用新方法；过程中产生的新问题被整合到学习进程中，暂时解决不了的问题被记录下来；必要时（不仅仅是最后环节）进行总结和反思。

教师的作用则主要体现在：设计合适的情境活动供学生进行体验；过程中不断激励学生深入思考；促进学生之间的合作与交流；需要时提供学习支持帮助学生克服困难；促进学生进行反思，建立知识和方法之间的联系；等等。如果对于学习内容重要的问题并没有学生提出，教师可以作为学习共同体的一员来适时提出；对于学生无法解决的或者过于个性化的问题，教师可以给出今后再研究或者感兴趣的同学自己尝试解决的建议。

需要说明的是，以上三种形式并没有简单的“好坏”之分，而是要根据学生的年龄特征、所学内容的特点、教师对学习内容的熟悉程度和对“问题引领学习”的理解程度等情况，合理选择并应用。

（二）为什么突出学生问题

尽管课堂学习中教师问题和学生问题相互作用，但这里我们并不是只简单地整合教师问题和学生问题，而是明确提出“基于学生问题开展的学习”。这并不是对教师问题的否定，而是更加突出学生视角。具体说来：

首先，教师的问题要促进学生问题的提出。与以往教学不同，教师此时设计问题不仅需要考虑学习内容的展开，更重要的是能鼓励、引导学生产生思考问题的新角度，从而提出自己的问题，并以之引领学习。

其次，教师的问题要基于学生的经验、疑问和好奇。灵魂最本质的表现就是提出问题和寻求答案的能力。（舍斯托夫，2004）[132] 而在教学场域中，为学生学习服务的教师问题要想实现其意愿的最大化，应当充分基于学生的经验、学生的疑问以及学生的好奇。

最后，对于教师语言而非儿童语言的教师问题，需要将其转化为学生愿意研究的问题。为了促进学生的学习意愿，帮助他们更好地理解和开展探索，教师问题需要转换为学生问题，并以学生语言表述，尽可能贴近学生经验和认知基础。

实际上，教师问题和学生问题不是非此即彼的。学生是天生有问题意识的，只要真正深入探究知识的过程，他们就会不断提出这样那样的问题。而真正的学生探究活动就是由问题引导的，学生提出问题能力的培养可以贯穿学习活动的始终而自然地开展。

四、儿童提问的阶段性

我们认为，应当对不同学段的儿童有差异化的问题提出的要求。2011版课标对不同学段学生的问题提出给出了不同的要求：一至三年级，要能在教师的指导下，从日常生活中发现和提出简单的数学问题，并尝试解决；四至六年级，能尝试从日常生活中发现并提出简单的数学问题，运用一些知识加以解决；七至九年级，能初步学会在具体的情境中从数学的角度发现问题和提出问题。

可以看出，对问题提出的要求从能在教师的指导下进行提问，到学生开始自主尝试提问；从日常生活中提出简单的数学问题，到从日常生活中发现和提出数学问题，再到在真实情境中发现和提出问题。

Cai等人（2013）的研究表明，儿童的问题解决之间存在年级差异，越高年级的儿童问题解决的表现越好。那么，问题提出在不同年级之间是否也存在差异呢？有研究从流畅性、灵活性和深刻性三个方面评价学生的问题提出表现，发现初中学生在不同年级上的问题提出表现具有不规律性的变化特点。（Guo et al.，2021）有研究对小学生的数学问题提出能力进行了差异分析，发现小学生数学问题提出能力及其他多种品质随着年级的升高呈上升发展趋势且存在阶段性，其中四年级为发展的“关键期”，同时男、女生在数学问题提出能力方面并无显著差异。（李怀军 等，2019）

我们对二至六年级小学生问题提出能力的实证研究发现：学生问题提出能力的发展有三个阶段。（张丹 等，2017）

第一阶段“过渡阶段”：即使二年级前没有经历研究设计的专门学习活

动，学生就已经初步具备发现和提出问题的能力，他们处于从不会提出问题到能提出简单问题的“过渡阶段”。此时学生的特征是：在开放的情境下，大部分学生仅能提出简单问题，即模仿其学习经验（运用简单的加减解决实际问题），提出类似“一共有多少”和“比多少”的问题。

第二阶段“局部思考阶段”：经历了研究设计的专门学习活动后，二至五年级的学生能够在开放的情境下提出简单问题或者零星地提出发展性问题——指可有多种方法解答、答案也不具有唯一性、需要某种程度的认知努力和数学理解才能完成的问题。（唐文艳，2004）但是提出发展性问题的比例随着年级的升高越来越大。这说明随着年级的升高，学生也在不断地积累提出发展性问题的经验。这个阶段的学生处于问题提出的“局部思考阶段”。

第三阶段“整体思考阶段”：纵观二至六年级，随着年龄的增长，提出高水平问题的人数比例呈上升趋势。到了六年级，学生进入问题提出的“整体思考阶段”。在这个阶段中，多数学生能够提出发展性问题，并且一半左右的学生能够较为系统地提出发展性问题。这说明他们不仅能够超越题目所给的信息提出更为一般性的问题，而且开始进行较为系统的思考。

由此，我们对于儿童的问题提出应当契合其发展阶段给出差异化的学段要求，且发展性问题应该得到教师在进行课程设计和实际教学时的充分重视。在各年级的具体教学中，尤其要关注对学生提问意识的鼓励，帮助学生形成提问的意识，创设鼓励提问的氛围，这是学生敢于提问、能够提问以及循序渐进地进行高水平问题提出的必要前提。有关此问题的进一步研究也是我们下一阶段的重要工作。

第三节　探索和应用数学中的“问题引领学习”

前文提及儿童在其探索数学、应用数学的过程中会进行问题的提出和解决，本节将探寻其中儿童问题提出的样态，以探析儿童在探索数学和应用数学时的提问和解决问题的思维路径。这里所涉及的问题可能包括学科核心问题的儿童化表达，也会涉及儿童的个性化问题。这些问题不仅会促进儿童对数学知识和方法的理解，更是蕴含着儿童创新人格的发展。

一、探索数学与儿童问题引领学习

（一）从一个案例谈起

大量真实生动的案例呈现了儿童在探究中进行数学学习时的样态，真实需求、矛盾或好奇引领着他们产生问题，深入探究，提出猜想并验证，解决问题后又开始新的拓展。下文以北京大学附属小学四年级小吴同学研究图形密铺为例，呈现儿童在探索数学过程中进行问题提出与问题解决的过程，以及儿童以问题引领学习的样态。

案例

1．发现问题并形成初步猜想

小吴同学在了解了什么是密铺后，马上提出了一个发现。

小吴　五边形和六边形可以密铺，因为足球表面就是这两个图形密铺的。（显然，小吴同学从当前情境出发，联系了已有生活经验。）

师　我们先来研究相同图形的密铺，好吗？

小吴　那么，什么样的图形可以密铺呢？

师　你怎么想到要研究这个问题呢？

小吴　刚才是两种图形密铺的例子，当然想知道如果是一种图形，什么特征可以使它密铺。（由生活和学习经验直观联想，自然产生了问题。）

根据教师提供的学具，小吴很快判断出正三角形、正方形可以密铺，正六边形通过简单操作也可以密铺。

小吴　所有的正多边形都能密铺，只要是直边就行，圆不行。（此时，他自然地通过规律驱动，在正三角形、正方形可以密铺的基础之上，充分进行思维卷入，提出了一个归纳猜想：所有的正多边形都可以密铺。我们将学生的猜想也视作其明确提出而未经检验的问题。）

2. 验证初步猜想

接下来，小吴同学开始通过动手操作对其猜想进行验证。

小吴　那我再试试正五边形。（没有外界的提醒，他自觉地想到再尝试几个图形来验证自己的猜想。）

小吴　正五边形无法密铺，因为铺到第三个时出现这样的一个角。（见图2-7）这就需要一个三角

图2-7　正五边形的密铺

形，但没有三角形。

在发现正五边形无法密铺后，小吴同学并未停止其探索，而是进一步对猜想进行调整。

3. 调整猜想并发现规律

图2-8 尝试一般四边形的密铺

小吴同学开始验证一般四边形和一般三角形能否密铺。在第一次尝试一般四边形能否密铺时，由于图形摆放的原因（见图2-8），他觉得不能密铺，但又心存疑惑，于是决定先把对这个图形的操作放一放。

在研究一般三角形密铺时，尽管操作过程并不顺利，但他发现了图形密铺的规律。

图2-9 尝试一般三角形的密铺

小吴　三角形的内角和是180°，两个180°就是一个360°的无缝拼接。依靠这种方法，绝对可以密铺。我们可以用三个三角形拼出一个180°。（见图2-9）

师　你是怎么想到这么拼的？

小吴　原来三角形内角和就是把三个角拼在一起的。（这是对以往学习经验的联想。）

同样，小吴在无人提醒的情况下，对平行四边形、梯形、等边三角形、正六边形等进行拼摆，实际上他是在确认自己的发现，对猜想进行验证。这一过程体现了规律驱动。最后，他完整地表述了自己的发现。

小吴　总要有某几个内角可以拼成一个360°，要不然是绝对不可能密铺的。

此时，在教师的提醒下，他对一般四边形的密铺进行了第二次尝试。这一过程也不顺利，但他确定可以密铺，因为四边形的内角和是360°。

小吴　我发现原来拼的过程中如果遇到的障碍点可以越过，那就不用再拼了。

4．反思整个探索过程

最后，教师鼓励小吴同学回顾整个过程。

师　一起回顾一下，刚才你是怎么思考的。

小吴　首先研究的是我们提出的问题。我脑子里飞快地提出一个问题（什么图形可以密铺），然后我就解决了这个问题（其实是解决了某些具体图形是否可以密铺的问题）。于是，我想找一个万能的方法。

小吴　不对，开始可能不是万能法，你会找到反例或者存疑的例子。比如，开始我认为只要是正多边形就能密铺，后来发现正五边形就不行。

师　然后做了什么？

小吴　然后我就继续寻找是否有万能的方法。于是我发现了能否密铺和图形的角有关系，于是就有了结论。

师　对一种图形密铺研究后，你还想研究些什么？

小吴　研究两种图形。（学生关联思考到两种图形。）

师　如果研究完两种图形了，还想研究什么？

小吴　研究立体图形的密铺。（由平面图形关联思考到了立体图形。）

（二）儿童探索数学时“问题引领学习”的基本路径

通过前文案例可见，儿童在探索数学的过程中进行了“问题引领学习”。结合前文案例及已有研究，可以看到如下的基本路径：提出问题，形成猜想，验证猜想，拓展问题。（具体见图2–10）

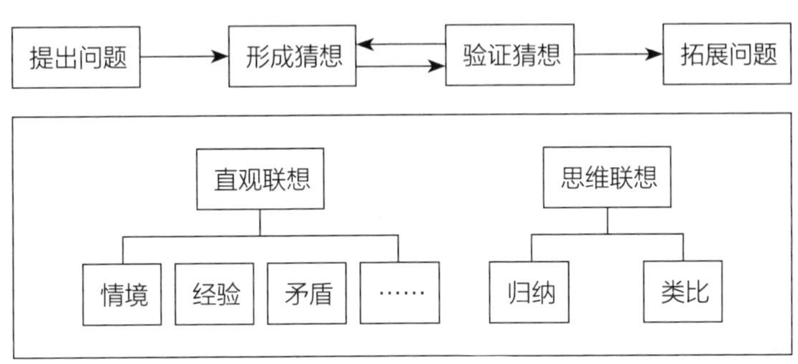

图2-10 “问题引领学习”中探索数学的基本路径

1．提出问题

从真实情境出发，学生由已有经验、内在矛盾等产生直观联想，发现并提出问题。比如上面的例子中，学生首先由生活经验联想到两种正多边形可以密铺的现象，当视角转到一种图形密铺的时候，他自然提出了“什么样的图形可以密铺”的问题。你可能会觉得这个问题很容易提出，但据我们进行的学生个案观察，能够明确提出这一问题的学生并不多，很多学生拿到具体图形后就开始密铺，他们思考的是某个具体图形是否可以密铺，但没有产生思考符合什么特征的图形可以密铺的需求。反观小吴同学，“足球”的已有生活经验和以往学习经验促使他提出了此问题。

2．形成猜想

在提出问题基础上，通过归纳、类比或二者兼有的方式进行思维联想，以形成猜想。比如上面的例子中，学生通过正三角形和正方形可以密铺，归纳得到初步的猜想：所有的正多边形都可以密铺。后来又进一步调整了自己的猜想。

3．验证猜想

对提出的猜想进行验证，必要时对猜想进行调整甚至重新开始猜想。比如在上面的例子中，学生得到初始猜想后进一步通过其他图形加以验证，在验证中发现了决定密铺的关键因素“角”，从而重新猜想。需要说明的是，验证猜想和形成猜想往往是循环往复的，不是一蹴而就的。

4．拓展问题

拓展问题即在研究原有问题的基础上产生进一步需要思考的问题。如在上面的例子中，学生进一步由一种图形密铺的问题，拓展到想要继续研究两种图形的密铺问题。进而，如果研究清楚了平面图形的密铺，学生还想进一步研究立体图形的密铺。

在可能的问题拓展中，学生可以遵循“如果不这样，那么会怎么样”的思路，即：如果不是一种图形，那么会怎么样；如果不是平面图形，那么会怎么样。学生还可以在寻找已有数学对象之间的联系和本质的共性时提出问题。比如，学生在探索完平行四边形、三角形和梯形面积之后，可能会进一步提出问题：“这些面积公式之间是否存在着联系？”

当然，学生在发现和提出问题中究竟经历了什么样的思考过程？对于不同的问题，学生经历的过程有差异吗？他们思考过程的主要特征是什么？这些都是需要进一步研究的问题，需要我们认认真真地观察学生。

二、应用数学与儿童问题引领学习

（一）从一个案例谈起

数学的应用架起了数学与生活之间的桥梁。儿童在应用数学的过程中充分调动起数学的相关知识，并直接指向真实情境的问题解决。而在与真实世界的对话中，儿童自然地有所思、有所想、有所问、有所好奇。下面呈现的是我们依托“问题引领学习”课题组在北京市西城区奋斗小学进行的个案调研，它采用的是两位学生（分别为小胡同学、小曹同学）合作、共同出声思考的方式。活动情境选取的是天文馆剧场的影片节目表以及票价信息，本章开篇已提及，见表2–1。

1．组织信息，发现问题

从动态的角度看，问题的提出是主体形成问题意识和生成问题的过程。在此过程中，提问者将经历从内隐的思维活动向外显的数学行为的转化。而对问题信息的收集、选择和处理，是内隐思维活动的重要方面（吕传汉 等，2006）[37]，是产生认知冲突、形成问题意识和生成数学问题的重要前提。

小胡、小曹两位同学将注意力集中在了同一影片两场播放的时间间隔上，试图去理解信息，即组织信息，对信息进行收集、选择和处理，并由此产生了认知矛盾，从而提出问题。

小胡　为什么22分钟的影片（周二至周五《迷离的星际》）能播放1个多小时？为什么中间隔了1小时15分钟？（两场《迷离的星际》的播放时间分别为10:00和11:15，相隔1小时15分钟。）

小曹　中间有休息时间。10:00点开始，看22分钟的《迷离的星际》，然后中间休息了一段时间后再继续播放。

小胡　那休息几分钟呢？

小曹　53分钟。（《迷离的星际》10:00场到11:15场，播放22分钟，休息53分钟。）这个是18分钟。（《迷离的星际》10:00场到《UFO与外星人》10:40场，《迷离的星际》播放22分钟，休息18分钟。学生计算了两种情况的休息时间。）不是吧，我觉得正常休息时间应该是一样的吧。（学生期望休息时间是一样的，期望存在规律性的模式。）

接着，两位学生讨论如何计算间隔时间，并计算了多个间隔时间，如：

小曹　用影片开始的时间加上播放的时长。你看平日里最早的是《迷离的星际》，它是10:00开始的，加上播放时长22分钟，就是

10:22；从10:22到10:40休息了18分钟，10:40开始演《UFO与外星人》，这个影片播出的时长是23分钟，会演到11:03；然后，中间休息了12分钟，11:15开始演《迷离的星际》。

进一步，他们经过讨论，认为天象厅和宇宙剧场应该是两个不同的剧场，需要分别计算间隔时间。如对天象厅平日时间的计算有如下讨论：

小曹　天象厅中，第一场影片《UFO与外星人》10:40开始，时长23分钟，播完之后是11:03。第二场影片是11:55的《UFO与外星人》，和第一场间隔了52分钟。11:55开始再播放《UFO与外星人》，经过23分钟播完后是12:18。第三场影片是13:10开始的《奇妙的星空》，中间隔了52分钟。然后13:10开始播放《奇妙的星空》，用时33分钟，播完后是13:43；再隔17分钟，14:00开始第四场《奇妙的星空》。

2. 在解决问题的过程中产生新的问题

学生在解决问题的过程中又产生了新的问题。他们在计算过程中产生基于实际情境的疑问，发现并提出问题："为什么这个中间隔得这么短？"在解决间隔时长的基础上又产生了新的问题："为什么间隔时间不一样？"

3. 寻找影响因素，尝试制定标准

两位学生尝试解决自己提出的问题，慢慢聚焦到考虑影响时间间隔的因素：

小曹　如果舞台不同，间隔时间就应该不一样。(舞台不同是学生发现的影响因素之一。)

小曹　可能中间有其他的事情，比如换片的时间，有的时候还要吃午饭。(继续寻找影响因素。)

师　你们想知道排片间隔不一样还可能有什么原因吗？如果让你们

排片，你们还可能考虑什么因素？

小曹　游客的时间，什么时候吃饭，什么时候来。（在教师的启发之下，继续丰富影响因素。）

小胡　我觉得对3D电影还要计算发眼镜的时间。

师　还要考虑什么？

小曹　还要看是否受欢迎，如果看的人多要排大长队，时间间隔也要长一点。

小胡　为什么12:40结束的《古玛雅的天文》隔那么长时间才有下一场？好像周末时间间隔短一些，结束的时间也晚一些。

小曹　对，与人有多少，还有天文馆的开、闭馆时间都有关系。

在上述过程中，学生不断借助表格信息和自身经验，分析影响时间间隔的因素，试图解释影响因素是如何发生作用的。后续可以进一步激发学生进行实地调查，以综合实践的形式开展深入持续的学习，学生有可能会对影响因素赋予权重。

4．形成初步模型

师　我们总结一下，电影排片中两部影片的时间间隔会跟什么因素有关？

小胡　吃午饭，客流量，天文馆本身的时间。

小曹　还有是否是3D电影——需要发眼镜，这个电影是否受欢迎。

师　如果你们真的要去排片，你们准备怎么办？

小曹　先进行实际调查，得到排片需要的基本时间。然后再实际统计，比如人们吃饭大约需要多少时间，发3D眼镜要多长时间，一般情况下排队检票需要多长时间，等等，再把这个时间加上。如果哪部影片特别受欢迎，我们就再加一点时间间隔。

师　　整个过程中，你们最感兴趣的问题是什么？

小胡、小曹　为什么间隔时间不一样。

师　　你们是怎么发现这个问题的？

小胡、小曹　我们观察了整个信息……（此处为对信息的全盘考虑基础之上的选择，是进一步甄别和处理信息的前提。）

师　　如果下次我们排其他场馆的影片，你们准备怎么做？

小曹　我们先调查一下有多少个放映厅，再计算出最好的间隔时间。

小胡　计算出最好的间隔时间，比如吃午饭时间、员工休息时间，还有影片的受欢迎程度。

小曹　周末多排点，平日少排点，节假日再多排。

师　　那再问你们，基本时间怎么算？

小胡、小曹　包括更换影片的时间、观众进场的时间、播放广告的时间。

至此，学生关于排片的规划，充分体现了用数学的眼光看世界，用数学的方法解决问题，并有了初步的模型意识，是在践行高阶的数学应用——数学建模。

学生形成了关于如何设计影片时间间隔、需要考虑什么因素的朴素的模型。之所以称之为“朴素的”，是因为这是学生根据生活经验初步得到的，对影响因素的具体权重还没有调查，对模型也尚未进行检验，但已经有了初步模型的范式。在小学阶段，学生能够亲身经历这一过程并不断找寻影响因素，形成对错综复杂的因素的初步探析，并初步考虑这些因素形成模型，已经是非常值得肯定的了。

5. 反思整个应用过程

师生共同对整个探索历程进行了再反思，以便积累活动经验，积累思维经验，积累应用数学的经验，并在反思中凝练和升华探索本身。

师　　回看整个过程，你们提出了很好的问题，还考虑了诸如“电影排片中两部影片的时间间隔会跟什么因素有关？”这样的问题。

你们觉得，提出这样的问题之后我们要怎么办？

小曹　我们要充分考虑影响排片间隔长短的因素。

小胡　也就是想想到底有哪些原因影响间隔长短。

师　　你们说了我们前面提到的一个很好的词——因素，想到这些因素之后呢？

小曹　要是有可能的话，也许可以得到一个公式去计算排片间隔多少合适，那样就有一般的公式了，以后遇到排片的情况往里面代数就行了。也许还能解决其他时间安排的问题，对类似的问题还可以考虑哪些因素影响它，然后想办法找到公式。

师　　你们能想到找公式是非常好的，这就有了数学建模的想法。那就期待你们继续深入探索吧！

这一反思的过程是对前面重要经验的回顾和提炼，也将进一步引领学生的深度、持续探索和学习。

（二）儿童应用数学时“问题引领学习”的基本路径

数学在真实情境中的应用是应用数学解决实际问题的基本手段，也是推动数学发展的动力。

前文提及，在具体的任务情境中，学生需要进行理解问题情境的“输入”，筛选信息和重组信息的“内部加工”，再进行组织语言的“输出”，最终产生问题。（张玲 等，2019）问题提出不可避免地涉及筛选过滤信息、转化信息、理解组织信息和编辑信息。（Pittalis et al.，2004）小学阶段在数学应用中应鼓励学生从情境中过滤和筛选信息、理解和组织信息，进而组织语言、提出问题，并在问题提出的基础之上尝试问题解决。正如上文的案例所示，学生首先在具体情境的信息组织之中进行问题的提出，并在尝试解决问题时产生新的问题，继续推动思考走向深入。

数学应用与数学建模息息相关：数学模型搭建了数学与外部世界联系的桥梁，是数学应用的重要形式。上文案例的反思过程也显示，随着学生思考的深入、学习经验的积累、认知的发展，他们可以产生模型的意识，且能够进行建模，寻找错综复杂的影响因素，并赋予权重，甚至探寻“公式”，有寻找解决一类问题模型的意识。随着年龄的增长，小学高年级和中学生可以在教师指导下尝试经历提出问题和建立模型、验证模型与拓展模型的过程。

其中，提出问题和建立模型遵循如下路径：学生在数学应用情境中产生疑问——疑问可能来自情境本身，也可能源自学生的经验、矛盾或好奇等，提出问题；尝试从自身经验等出发制定标准，寻找影响因素；在林林总总的因素中找到主要因素，能够分配各因素的权重；形成模型。

验证模型与拓展模型遵循如下路径：对提出问题和建立模型阶段的产物，即初步形成的模型，进行验证；在验证的基础上，形成最终模型；将模型进行拓展。

“问题引领学习”通过诸多案例发现，上述学习路径具有一定的推广、迁移价值，它不仅适用于该案例，也与很多案例表现出的儿童在应用数学过程中的思考路径具有相通之处。

总之，儿童的学习本身就是一个不断发现问题和解决问题的过程。无论是对数学的沉浸式探索，还是在真实世界中应用数学的学习过程，他们都天然地经历着好奇，经历着疑问的萌芽，经历着猜想的萌动，经历着问题的产生，并以直观联想、思维联想、探索、拓展等生动的认知活动推动着问题的解决。

来自田野的学生调研使得我们笃定：**儿童能够学会提问，能够因其所问推动其所学，并能够在问学交融中将学习引领向更深的层次。**这也正是本章“问题引领学习”的本质内涵与最终诉求。

第三章

如何鼓励和引导儿童提问

在“问题引领学习”中，宽松的氛围和真实的情境是促使儿童提问的“两翼”。一方面，营造鼓励提问的氛围，让儿童通过观察、思考、实践，或由于困惑，或出于好奇，提出自己感兴趣的问题；另一方面，创设真实的情境，引导儿童通过情境体验进行主动思考，在理解数学、探索数学、应用数学中，不断发现、提出、分析和解决问题。

第一节　营造鼓励提问的氛围

已有研究表明，儿童的问题或者源于对事物的陌生与好奇，或者由于外界刺激和自己原有经验之间出现了冲突，又或者是因为发现了事物之间的联系和矛盾，而这些好奇、冲突、矛盾的产生都需要一个宽松的环境。外界氛围是否支持儿童提出问题是一个非常重要的影响因素，教师行为对儿童能否提出问题至关重要。

我们曾经对部分学生做过访谈，请他们谈谈对于提出问题的困惑。不少学生表示自己其实是有问题的，但是有时候还没有来得及提出，老师就让做下一个活动了，对最初的问题也就忘记了，更没有时间去思考；有的学生提到，在课堂中大家举手都是在回答老师提出的问题，自己也不知道是否能分享问题；有的学生则表示，老师有时也会询问大家是否有问题，但是如果说自己有问题，就等于承认自己没有学会，这是不太好的事情；还有的学生担心自己的问题会因为简单或偏题而遭到其他人的嘲笑，所以不敢提出问题。由学生们的发言不难看出，良好的氛围是学生发现和提出问题的基础，开展问题引领学习首先需要全面营造鼓励提问的氛围。

教师要创设鼓励学生大胆提问的宽松环境，在这里，学生可以自由地分享自己的好奇与疑惑。这种氛围的创设，不是教师简单地说一两句“大家提提问题吧”就可以的，而是需要营造充满尊重和安全的环境，以呵护学生提问的天性，促使学生经历“敢问—想问—会问—爱问”的思维和提问过程。

一、营造鼓励提问的课堂文化

（一）师生做好约定

首先，教师和学生共同约定，发现和提出问题并尝试解决问题是课堂学习的重要部分。在开展“问题引领学习”的初始时期，教师可以和学生们就提问及相应课堂氛围进行分享交流，以形成班级学习约定。图3-1呈现了吴老师与学生们做的约定。①

- 当我们有了疑惑或者好奇想知道的事情，就把问题提出来。
- 我们要认真倾听他人的问题，尊重每个人的问题，不能嘲笑。
- 如果你觉得哪个问题有启发，可以询问同学是怎么想到这个问题的。
- 有时候需要对问题进行分类，寻找问题之间的联系。
- 为了更好地提问，我们需要反思自己提出的问题，定期总结经验。
- 课堂时间有限不能讨论所有的问题，但不代表这些问题没有价值。
- 不轻易放弃大家提出的问题，坚持思考，努力去尝试解决。
- 要组织小伙伴一起研究问题，让更多人参与对问题的思考和实践。
- 有了错误不要紧，大家一起来修改。
- 定期分享大家的问题和解决的办法。

图3-1　吴老师与学生们的约定

为了帮助学生更好地表达自己的问题，吴老师所在学校还和学生们约定了课堂交流手势，其中一个重要的手势就是——小问号。当学生们产生问题时，就可以举起“小问号”。（见图3-2）

图3-2　学生在课堂中用手势表示自己想要提问

当然，师生约定的内容可以随着学习进程而进行调整。调整可以由教师提出，也可以由学生提出，并要取得全体学生的共识。

① 案例来自北京小学长阳分校吴桂菊老师和她的学生们。

有的老师还和学生们约定了在课堂中设置“提问时间”。这样可以提前把遇到的问题记录在本上，等“提问时间”到来后，就能和大家进行交流分享了。

（二）启动“问题引领学习”

教师可以向学生介绍提出问题的价值，组织学生讨论如何运用大家的问题来开展学习，由此启动“问题引领学习”。课题实验学校的王老师和她的学生们开展了如下交流。①

师　爱因斯坦是著名的科学家，他有一句话，我们一起读一读：“提出（发现）一个问题往往比解决一个问题更为重要。”怎么理解这句话？

生1　我觉得他说的是提出一个问题比解决一个问题更重要，因为解决一个问题中的问题是别人已经提出来的，提出一个问题则是一个从无到有的过程。

师　同学们，你们都同意吗？那这个学期就让我们来发现、提出问题，并开展学习，你们愿意吗？

生　愿意。

师　为什么愿意呢？

生2　因为我们提出问题的话，大家可以一起解决问题，我们既知道了答案，还会觉得有趣。

生3　我觉得提出一个问题后，再通过思考解决，这种学习方式很好。因为提出一个问题往往是因为有不懂不会的地方，而解决问题后就把头脑中欠缺的部分给补上了。

生4　因为解决一个问题中的问题是别人提出的，只要解决就好。但发现问题更有价值，因为这是你自己思考出来的。

---

① 案例来自北京市海淀区定慧里小学王晓娟老师和她的学生们。

师　是呀，提出问题并解决后会更有成就感。相信在后续学习中，你们对问题提出会有更多的认识与思考。为了更好地开展学习，我们一起来进行一些约定吧。

……

（三）鼓励学生思考、实践和分享

我们曾经问过学生们这样一个问题："什么能促使大家提出更多想要研究的问题?"下面是他们的一些有代表性的回答：

- 生活经验让我们发现了许多不明白、不理解的地方，这让我们有许多"为什么"，能提出丰富的问题。
- 实践之后才能得出真实的想法，才能看出自己的不足，从而提出问题。
- 进行一些特别新奇的实验，然后实验时认真地研究，仔细地观察，要有一双会发现的眼睛。
- 我一直不断地提问，然后自然就想到了深刻的问题。
- 听其他人的问题，让我产生更多的问题。集体一起交流促使我们脑洞大开。
- 不要否认每一个问题，这样就可以提出好的问题了。
- 实验、同学、老师、课堂带给我们更多思考，思考使我们看问题的角度更加深入，好的问题也将慢慢出现。
- 新颖、有趣的课题或者一些生活中能使我们灵光一现的东西让我们有问题，同时还需要多花些时间思考。
- 要有善于发现的眼睛，善于思考的大脑，善于表达的嘴以及善于倾听的耳朵。
- 要想提出问题，就要自己去探索，去发现。很多我们没探索过的地方就有问题，比如物理和宇宙。

从学生生动的语言中不难看出，"观察""实践""思考""发现"等关键词不断涌现，发现和提出问题离不开学生独立、主动和持续思考。在课堂中，教师可以不断激发学生思考和交流“我看见了什么，我想到了什么，我发现了什么，我好奇什么”，这些是提出问题的源泉。图3–3呈现了在“问题引领学习”课堂中学生们的常用话语，这些话语背后体现的是他们的火热思考。

- 我观察到……
- 我体验到……
- 我的思考是……
- 我发现了……
- 我好奇……
- 我尝试弄明白……

图3–3 “问题引领学习”课堂中学生的常用语言

真正的问题往往来自一个人内心的热情，我们需要帮助学生思考和交流自己感兴趣或有困惑的地方；要给学生们充分思考的时间，疑启于思，而不要仅仅追求脱口而出的问题和答案；要帮助学生组成分享问题和研究问题的学习共同体，使得问题和解决问题的方法在分享交流中不断得到丰富、深化；要鼓励学生们适时反思，反思问题是如何提出的、别人的问题对自己的启发，以及如何改进自己的问题或提出更多的问题。

（四）对学生的问题充满期待

如前文一名学生所提到的“不要否认每一个问题，这样就可以提出好的问题了”，短短的一句话很好地阐述了我们要善待每一个问题，对学生的问题充满期待，成为学生问题的倾听者和鼓励者。图3–4给出了教师倾听学生问题的不同水平，供教师自我反思和提高。

这里需要注意的是，教师要密切关注学生的问题是否为“真实”的问题——他们是真正出于好奇心，还是为了完成要求而“被迫”提出的。学生有时会根据要求提出已经知道答案的“习题”，这样的“问题”的作用主要是帮助学生巩固所学的知识和方法，这无疑是有价值的，但我们所期待的“问题”绝不仅限于此。问题的一个基本特征是“障碍”，儿童由障碍产生冲突和好奇，在解决障碍的过程中进行思考，不断地有所发现。因此，我们这里所指的问题的主要特征是：儿童想要知道，但不能直接获得答案或者解决方案，在解决的过程中产生思考，得到自己的发现。教师可以从学生发现和提出问题时面临的情境、疑惑的表情，以及是否拥有持续研究的兴趣等角度进行观察，应该让学生充分意识到，他们有权利在课堂中提问，并努力提出真实的问题，发现和提出自己好奇的事情是学习的重要组成部分。

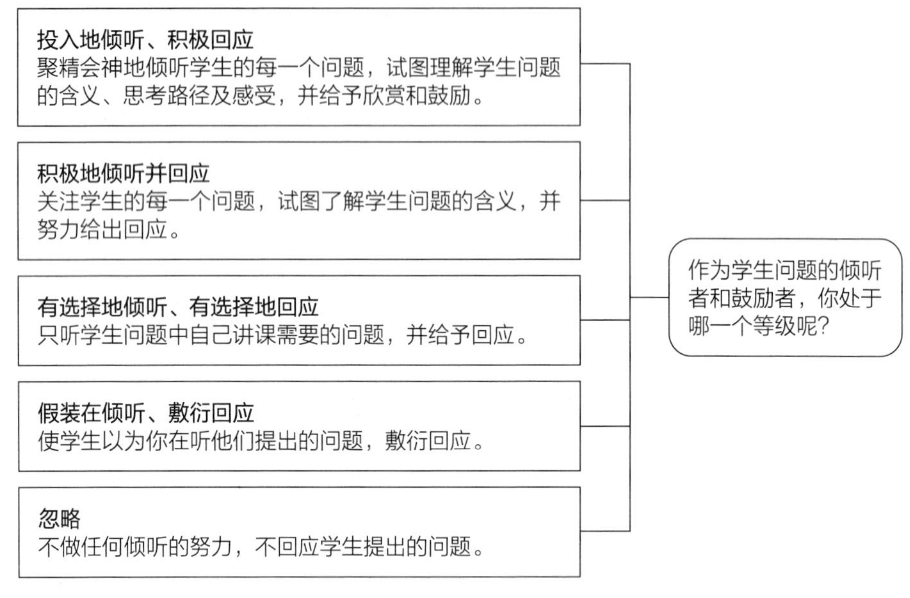

图3-4　教师倾听学生问题的不同水平

二、用问题本将问题固化下来

学生提出的问题往往不能全部在课堂学习中解决，有的还需要经过长时间的思考。为了保护好每个学生的问题，我们鼓励他们将自己的问题记录并积累下来，形成问题本。问题本的设计可以考虑学生的年龄特点，对低年级学生鼓励他们通过画图并配以简单的文字表达自己的问题，简单记录解决问题的过程；对中高年级学生则可以增加文字量，并鼓励他们写出提出此问题的理由，详细记录解决问题的过程以及可能的拓展思考。图3–5、图3–6是某校设计的低年级学生和中、高年级学生的问题本。[①]

① 案例来自北京市西城区奋斗小学。

______年______月______日　　　　　　　　我的心情 (••)

我的?

[　　　　　　　　　　]

我终于明白了！

[　　　　　　　　　　]

解决问题中，我像科学家一样用到了以下材料：

眼睛	嘴	手	好奇的脑子	耳朵	工具	脚
♡	♡	♡	♡	♡	♡	♡

说明：请在问题本上面的方框中填写自己提出的问题；在下面的方框中记录解决问题的简单过程。

图3-5　低年级学生的问题本

读书，始读，未知有疑；其次，则渐渐有疑；中则节节是疑。——朱熹

学习内容	
提出问题	
解决问题	
拓展思考	

解决问题中，我像科学家一样用到了以下材料：

眼睛	嘴	手	好奇的脑子	耳朵	工具	脚
♡	♡	♡	♡	♡	♡	♡

年　　月　　日

图3-6　中、高年级学生的问题本

问题本的使用贯穿课堂内外，也拉长了学生思考的时间。以“圆柱和圆锥”单元为例，六年级的赵老师首先布置了实践活动，鼓励学生想办法得到圆柱和圆锥，并记录下自己的发现和想到的问题。一名学生的记录如图3–7所示。[①]

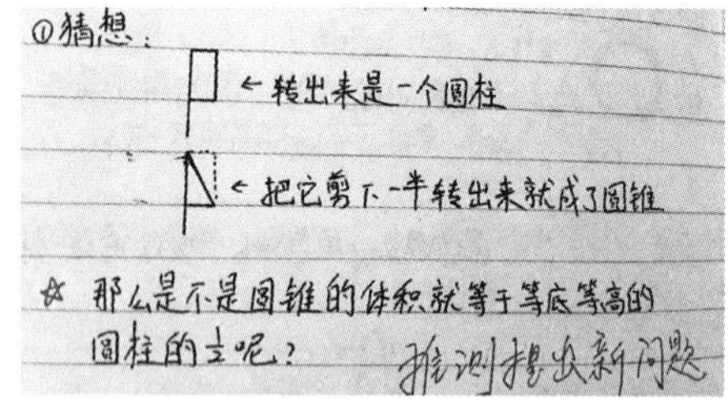

图3–7　学生记录的问题

课堂中，在大家共同通过操作得到了圆锥的体积等于和它等底等高的圆柱体积的$\frac{1}{3}$之后，这名学生又产生了新问题“为什么不是$\frac{1}{2}$，而是$\frac{1}{3}$呢?”，并把它记录在问题本上。

为了更加有效地使用问题本，学校和教师还可以发布问题本的使用细则，并有机融入反馈评价。表3–1给出了问题本使用细则的案例。[②]

表3–1　问题本的使用细则与反馈评价

使用细则	反馈评价
1. 记录自己在学习前、课堂中、学习后产生的想要（继续）研究的问题。 2. 收集其他同学提出的精彩问题。 3. 尝试解决问题，把思考过程和结果记录下来。 4. 将全班讨论中有启发的想法也记录下来。 5. 对解决完的问题用“√”表示。	1. 教师对问题进行批阅。 2. 班级同学对感兴趣的问题和解决问题的方法点赞。（对问题点2个赞，对解决问题的方法点1个赞。） 3. 学生自评，圈出自己满意的问题和解决问题的方法。

通过一段时间的实践，老师们还发现了使用问题本的可喜的“副产品”——因为要将想表达的问题写下来，学生需要思考如何用语言清晰表达，慢慢地他们清晰表述问题的能力也增强了。

① 案例来自中国人民大学附属小学赵娣老师和她的学生。

② 案例来自北京市西城区奋斗小学。

三、通过问题角促进生生分享交流

我们还可以通过问题角，扩大学生问题交流的广度，加深交流的深度。班级和学校都可以在适当地方设立问题角，供学生将自己的问题写在上面。

对于什么样的问题可以进入问题角，师生可以做好约定。比如，学生们可以把自己解决不了的问题放入问题角，也可以将经过小组交流推选出的问题放入问题角，这也是对于学生提问的积极反馈。也有的学校和学生约定，如果有学生愿意与大家分享或者希望同伴们帮着解决的问题，就可以把问题送入问题角。

教师还应采取多种方式鼓励学生尝试解决问题角中的问题，并提供分享交流的机会。下面是几种常见的方式。

第一，学生自主选择问题解决。问题角的问题公布后，鼓励学生任意选择一个问题尝试解决。图3–8是某班教室后面设立的问题角。①

图3–8中问题的右边注明了提出问题的小作者，左边则注明了想要研究这一问题的同学的学号。

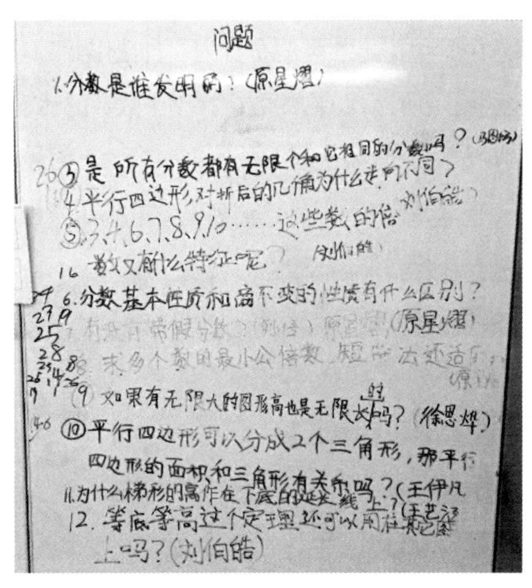

图3–8　班级问题角

---

① 案例来自北京市海淀区中关村第三小学。

第二，成立问题研究小组，合作解决问题。针对不容易解决的问题，感兴趣的学生可以结成小组，必要时还可以邀请成人进行指导，以此带动更多的同学参与问题解决。

第三，开展专题解决问题课。对于学生们共同感兴趣的问题，教师可以适时引入课堂进行讨论，组织大家共同交流分享。必要时还可以邀请不同学科的老师、专家来为学生进行指导和讲解。

除了问题角，很多学校还定期开展问题分享会、小讲堂，或者利用微信公众号来发布学生的问题及解决过程，为更多的学生投入发现和提出问题、分析和解决问题的过程提供时间和空间。学生们围绕问题互相交流，共同探索，也发展了合作交流的意愿和能力。

四、设计“不一样”的作业

在很多人的心目中，作业就是回答或解决老师提出的问题。但实际上，发现和提出问题也应该成为学生作业的有机组成部分。

教师可以将课堂中学生提出的问题布置为“自选作业”，供学生自主选择研究。比如，一年级学生学习了100以内的数，课堂中数数的活动激发了好奇的“小问号”：“当我数100颗黄豆的时候，数着数着，一个‘小问号’就冒出来了——多少颗黄豆可以榨一杯豆浆呢?”于是，这名学生开始了有趣的实践活动。[①]

我照着妈妈每次榨豆浆的样子，先准备这么多黄豆。这么多黄豆是多少呢？两颗两颗地数，够100颗就放一堆，然后就可以一百一百地数啦！一共是422颗黄豆。（见图3-9）接下来，准备好水，做好了1000毫升的豆浆。

图3-9 数黄豆

① 案例来自“问题引领学生学习”公众号。问题研究者及案例作者：北京小学长阳分校吕逸航；指导教师：吴桂菊。此处做了篇幅压缩和少量修改。

新问题又来了，现在是1000毫升豆浆，而一般一杯豆浆是200毫升，那榨一杯200毫升的豆浆到底需要多少颗黄豆呢？两百两百地数，1000里面有5个200。把422颗黄豆也分成同样的5份，就可以知道一杯豆浆需要多少颗黄豆了。唉，一下子想不出结果呀！来到学校，看到同学们的小棒学具，忽然有了灵感，可以借助小棒分一分！找同学们来帮忙，终于凑齐小棒啦！422根小棒，足足有42捆零2根。

我先每份分4捆，感觉应该没问题；接着又每份分4捆，也没问题。可是接下来就不成了，还剩2捆零2根。怎么分呢？不够分5份啦。我就把2捆小棒拆开，让它们变成20根小棒，22根小棒每份分4根，还剩2根。这2根又不够分了，没关系，每份是8捆4根，还余2根，也就是一杯200毫升的豆浆大约需要84颗黄豆。（见图3-10）

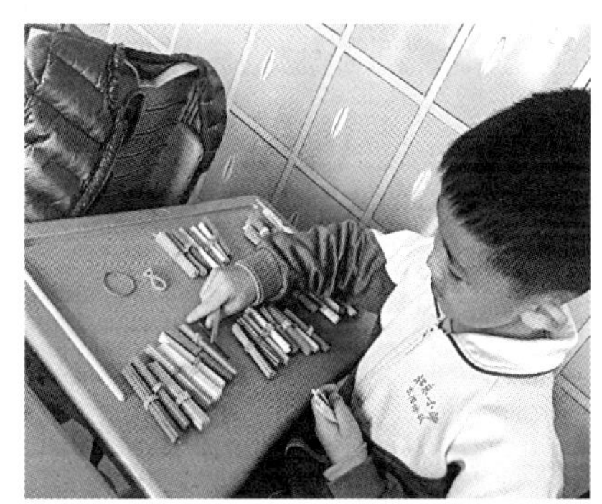

图3-10　数小棒

我太喜欢这种感觉了，数豆子，榨豆浆，还喝到了美味的豆浆。真没想到，最后是小棒这个“数学神器”帮我找到了答案。我希望以后有问题，妈妈还是不要直接告诉我答案，而是让我自己多动脑筋，通过各种方法来解答问题。

课题组的不少实验学校还利用假期布置数学实践作业，鼓励学生睁大好奇的眼睛去观察生活中的数学身影，去发现生活带给我们的数学思考，寻找并提出生活中的数学问题，并进一步根据学生不同年龄特点，设计了学习单供学生参考。下面呈现的就是某校五、六年级寒假数学实践活动的学习单。（见图3-11）①

① 案例来自北京市海淀区第二实验小学。

五、六年级寒假数学实践活动学习单

我想要研究的问题：

---

1. 想一想，为什么对这个问题感到好奇。
2. 研究之前，先根据自己的经验，猜想这个问题的答案（尝试写出理由）。
3. 我需要邀请合作伙伴。（写出邀请谁，以及大家的分工。）
4. 把研究过程中的数据或信息记录下来，可以加上图片或照片。
5. 写出研究后自己还有什么想法。

   我的想法：

   我还想了解：

图3-11　五、六年级寒假数学实践活动学习单

总之，学生发现和提出问题需要宽松和充满鼓励氛围的环境。只要教师营造了这样的环境，给学生提供提出问题、解决问题的机会，所有学生——不论他们在年龄、兴趣和能力上有什么差异，都能提出既令他们好奇又值得研究的问题。

第二节 注重真实情境和学生的真正体验

“问题引领学习”强调学生的学习是一个不断发现和提出问题、分析和解决问题的过程。其中，情境体验是首要的一环，要促使学生产生问题，创设真实的学习情境、鼓励学生开展真正的体验是非常重要的，真实情境和真正的体验促使问题产生。要激发学生的好奇和问题，需要提供给学生一个“问题场”，好情境无疑起到了“场”的作用。那么该创设什么样的情境呢？我们不妨从一个案例谈起。

一、从一个案例谈起

在四年级学习“三位数乘两位数”一课中，教师首先呈现了一个情境，情境中包含了“我国发射的第一颗人造地球卫星绕地球1圈需要114分钟”的数学信息，然后鼓励学生根据此信息提出数学问题。下面是师生对话的片段。

师　根据这个信息，你能提出什么数学问题？

生1　卫星运行2圈需要多长时间？

师　能不能再提出一个有挑战性的问题？（这节课要学习的是三位数乘两位数，老师准备讨论的题目是114×21。）

生2　卫星运行365圈需要多长时间？

师　这个又太有挑战性了，能不能……（此时老师有点犹豫，但是学生明白了老师的意思。）

生3　卫星运行21圈需要多长时间？

师　我们先解决卫星运行21圈需要多长时间，好不好？然后就会解决这位同学提出的问题了。

生　（齐答）好。

课后研讨中，大家讨论了上面学生提问活动的有效性，老师们觉得这种“师生猜谜”的交流没有必要，问题提出活动的价值不大。审视上面的情境，主要存在着如下几个问题：第一，本节课的重点是发展学生的运算能力，具体表现为鼓励学生迁移已有计算经验，探索三位数乘两位数的计算方法，并理解算理。显然，上面案例的情境针对的并不是这个重点，这使得问题提出活动缺乏对学习重点的促进作用。第二，这个情境看似用了真实数据，但是由于只有一条信息，无法体现出现实生活的需求，离学生的现实也比较远。第三，情境中的信息单一，不具有挑战性，学生没有产生什么认知冲突，为了提问而提问。第四，教师虽然鼓励学生提出问题，但是几乎没有给学生思考时间，而是直接请学生们说出自己的问题，这样学生就没有付出太多的认知努力，只是随意或者根据教师的暗示提出了一些问题。

二、真实情境的特点

情境是一种背景、经历或事物，好的情境能够激发学生的思考，激起他们探究的欲望，从而引发学生富有创造性的想法和问题。我们希望情境既基于儿童世界，立足其真实经验，又能激发其好奇和思考，从而产生真问题，因此，将其称为“真实情境”。这里需要说明的是，情境和提出的问题是紧密联系的，所以我们常称之为“问题情境”。而这里讨论的是由这些情境启发学生提出问题，因此下面重点阐述真实情境的特点。

（一）四个特点

真实情境具有如下的四个主要特点。

1．真实可感

情境应该来源于学生的生活经验或学习经验，符合他们的认知基础和发展水平，学生能够基于已有经验充分理解和感悟这一情境，情境对他们来说是真实可感的。这个真实既包括学生的现实生活，也包括学生“脑海”中的真实，比如童话故事、感兴趣的数学内容。

这里，我们提倡情境来自学生的现实生活，蕴含的背景信息是现实世界中的“真人真事”，帮助学生体验数学与生活的密切联系。尽管有时考虑到儿童的可接受性会简化现实生活的背景或数据，但如果选择了现实情境，解决这个问题的方法与真实生活中解决类似问题的方法也需要尽量保持一致，同时与学生的亲身经历有关。

2. 富有意义

情境应该有助于学生理解重要内容的数学意义和蕴含的思想方法，引起学生的数学思考，帮助学生体会数学的本质。

2011版课标中提出了数感、符号意识、运算能力等核心概念，并对它们的内涵进行了解释。比如，运算能力主要表现在能正确计算，理解运算的道理，以及寻找合理简洁的运算途径。因此，不妨将学生探索出的多种运算方法设计为学习情境，鼓励学生通过提问和解决问题寻找这些方法的联系和共性，从而理解算理，寻找通法，以将算法迁移到更多的情境中去。

因此，教师在选择和创设情境时，要考虑到由此情境学生可能提出的问题，以及如何将这些问题与数学意义和思想方法有机联结。

3. 引发冲突

在《好奇心的机制及作用》一文中，作者提到了“预测误差”及“评估误差”的重要性。“先验知识使人们能够对环境做出预测，因此在先验知识很少或事件违反个体预期时，预测误差就会发生”，“环境或信息引发的预测误差有时不足以引发好奇心，在某些情况下，还可能产生相反的效果而引起焦虑”。“如果个体认为自身有能力解决不确定性，这种预测误差就会引发好奇心和探索行为；反之，就会引发焦虑和行为抑制”。（黄骐 等，2021）

由此可以看出，情境应该具有一定的挑战性，能够引发“冲突”和“预测误差”，从而激起好奇心和求知欲，启发思考，为发现和提出问题奠定基础。同时，还必须注意引发的冲突是否落在了学生的“最近发展区”，要使学生通过自身的努力和他人的帮助可以消除或减少“误差”，从而引发他们进一步的问题意识和探索行为。

4．开放有趣

《义务教育数学课程标准（2011年版）解读》指出：“所谓‘发现问题’，是经过多方面、多角度的数学思维，从表面上看来没有关系的一些现象中找到数量或空间方面的某些联系，或者找到数量或空间方面的某些矛盾，并把这些联系或者矛盾提炼出来。所谓‘提出问题’，是在已经发现问题的基础上，把找到的联系或者矛盾用数学语言、数学符号集中地以‘问题’的形态表述出来。”（史宁中，2012）[124]由此可见，为了帮助学生寻找事物之间的矛盾和联系，情境应该包含丰富的信息，具有开放性，可以供人们从多方面、多角度进行开放性观察和思考，所谓“低门槛、多层面”。这种开放性也使得分享与交流自然产生。

同时，情境又最好是令人着迷的，可以激发学生探究的需求和持续思考的愿望。“研究表明，具备新颖性、复杂性、不确定性和冲突性的事物能引发人的好奇心，促使我们去探索和研究。”（巴雷尔，2016）[15]

（二）一个案例

下面以“小数初步认识”为例，来体会真实情境的特点。对小数的学习在小学分为两个阶段，2011版课标要求第一学段是“能结合具体情境初步认识小数，能读、写小数”，“能结合具体情境比较两个一位小数的大小”，“会进行一位小数的加减运算”，由此可见，在具体情境下认识小数应是第一学段的基本要求。到了第二学段，则是在具体情境的基础上理解小数的意义了。

“小数的认识”的重要原型之一是人民币中的元、角、分，所有教材在“小数的初步认识”中都涉及了这一原型，北师大版小学数学教材则更突出了这一原型的支撑作用，不用分数来解读小数，而是直接基于学生的生活经验，利用元、角、分的关系来让学生初步认识小数，并支撑学生比较小数的大小，进行简单的小数加减运算。在此基础上，在单元的最后一节课拓展了新的原型——长度。不难看出，教材充分利用了元、角、分的现实原型的支撑作用，这不仅能够帮助学生在第一学段掌握将来理解小数的重要工具，而且避免了由于对分数的认识比较困难，如果用分数来认识小数可能造成“难上加难”的现象。

那么，如何基于教材设计鼓励学生发现和提出问题的“真实情境”呢？我们不妨**先从“富有意义”开始思考**。如前所述，这一单元首先需要解读元、角、分的生活原型，并将其与小数建立联系，让学生感悟数量与数的联系——这也是数感的重要方面。然后要利用原型支撑进行小数大小比较和加减运算，让学生在利用原型支撑寻找方法、理解道理中发展运算能力。因此，这一单元教学需要学生解决的两个关键问题是：如何确定价钱是几元几角几分，以及怎么把几元几角几分化成以元为单位的价钱；利用元、角、分的经验，如何对小数比大小和进行运算。而这两个问题是可以从购物情境中产生的。

进一步，需要考虑“真实可感”。购物是学生生活中的真事，大多数学生对购物有丰富的经验，所以购物情境对他们而言是真实可感的。但需要注意的是，可能会有一些学生对于购物缺乏经验，或者由于现在支付方式的变化，他们缺乏元、角、分兑换的经验，因此要根据学生的实际情况设计情境，最好有一个帮助他们体验购物、积累经验的活动。

接下来需要思考的是“引发冲突”和“开放有趣”。生活中的购物情境是丰富的，购物中所面对的价钱和需要解决的实际问题也是多样的，这些构成了开放的学习情境。研究表明，儿童先前所学的整数概念会影响到小数概念的正确建构，产生关于“整数规则”的迷思。比如，认为5.38大于5.6，因为38大于6；将5.38读作五点三十八。有意思的是，有的学生还会产生类似“分数规则”的迷思：小数点后面的位数越多，表示平均分的份数越多，从而值会越小，因此3.81小于3.7。作为整数规则的特例，学生还会有“零规则”的迷思，“当儿童面对有0紧随着出现在小数点之后的小数时，由于并未充分了解位值结构，会将0看作最小或者没有的意思”（鲍建生 等，2009）[248]。有的学生认为0.8和0.08相等，因为他们认为把“0”加在某数的左边时，这个数的值不变；有的学生则认为，把“0”加在某数的右边时，这个数会变大，所以0.80大于0.8。

这些“迷思”的产生引发了学生的认知冲突，问题自然产生了。进一步，为了解决购物中发现的实际问题，学生产生了比较大小、进行计算的需求。在此基础上，依靠元、角、分的支撑和整数的学习经验，他们会去想办法探索如何比较大小、如何进行运算，冲突和需求交织在一起，丰富想法的交流和分享使得整个情境对学生而言富有乐趣。

综上所述，这个单元不妨设计如下的真实情境，鼓励学生发现和提出问题。

提前与家长一起购物，或者参与课堂上的购物体验活动。

结合购物，记录商品的价格以及购物中遇到的数学问题。在此基础上，还可以记录自己的困惑和感到好奇的问题。（见表3-2）

表3-2　购物体验活动中的记录单

记录不同的商品价签。 （要尽可能记录不同类型的价签，以及你认为同学们会出现理解困难的价签。）	
记录在购物中遇到的数学问题。	
记录最想和同学分享的困惑和感到好奇的问题。	

有了这样的记录单，后面就可以据此开展整个单元的学习活动了。比如，教师可以把大家记录的不同价签收集起来，设计成“解读价签”的游戏活动；也可以反过来大家一起完成“写价签”的任务，在此过程中对学生的迷思进行重点讨论。又如，将购物中遇到的数学问题分分类，尝试在具体情境中解决小数大小比较和简单计算的实际问题。对于超出本单元的问题，也可以根据实际情况鼓励感兴趣的学生进行尝试。总之，真实的情境促使学生产生了真实的问题，体验了真实的世界。

三、将真实情境转化为问题提出活动

在创设真实情境的基础上，教师还需要进一步将其转化为问题提出的学习活动，以促使学生持续关注情境中的冲突，并提出问题。在教学设计与实施的过程中，学习活动（也可以被称为学习任务）越来越受到教师们的重视，真实的问题情境、可视的学习过程是大家对学习活动的普遍共识，而真实情境、需要思考和探索的问题（来自教师或学生均可）、对学生的学习支持，构成了学习活动的三个要素。同时，高水平的学习活动往往要给所有学生同等的学习机会，促进所有学生的学习投入，一般要经历独立思考、小组交流、大组分享的过程。

（一）设计问题提出活动的基本原则

"问题引领学习"希望在原有的问题解决活动的基础上，为所有学生创设更为丰富的学习活动——包括问题提出和问题解决，以给他们提供更多的学习机会，实现相对于问题解决的附加价值。这里有三个关键词：附加价值、学习机会、学习投入。具体说来，设计问题提出活动应遵循如下三个基本原则。

第一，相对于问题解决，问题提出具有附加价值。这主要体现在学生和教师方面：对于学生，问题提出促进了学生学习的主动性，促进了学生的数学理解，促进了学生的数学思维发展及解决问题能力提升，促进了学生的创新意识形成。对于教师，问题提出提供了更好地了解学生数学思维和数学情感的机会。

第二，问题提出活动给学生更多的学习机会。问题提出和问题解决共同给了学生更多的学习机会，以实现上面提到的附加价值。这样一来，学生可以在学习全过程中获得发展机会，包括：问题提出、问题提出后的交流、问题解决、问题解决后的交流、总结与反思。

第三，用问题提出和问题解决活动促进学生的学习投入。学生的学习投入是行为投入、情感投入、认知投入，或者这三者的部分或全部组合。（张娜，2012）为了支持学生的学习投入，教师需要设计基于目标的、高水平的问题提出和问题解决活动，以及在课堂学习中持续实施高水平活动。

（二）设计问题提出活动的基本路径

从上面“小数的初步认识”的例子，我们不难看出基于真实情境的特点设计学生问题提出活动的一条基本路径。

第一，关注数学意义，找到问题提出的关键点。如前所述，首先我们要分析学习重点，使得问题提出任务富含数学意义。比如，前面提到的三位数乘两位数的案例，重点是发展学生的运算能力，具体表现为鼓励学生迁移已有计算经验，探索三位数乘两位数的计算方法，并理解算理。因此，可以将问题提出的关键点放在对三位数乘两位数的算理算法的理解上，以及借助对算理算法的理解进行迁移。总之，要认真思考希望通过学习活动使学生获得什么，也就是设计问题提出活动的目的。

第二，关注挑战、开放和有趣，设计问题提出的情境。接着上面案例的讨论，可以在学生探索出多种计算方法后，鼓励他们通过观察不同方法提出值得进一步研究的问题，为学生读懂不同方法、建立方法间的联系提供学习机会，进而为后续自主迁移奠定基础。同时，问题提出活动也激发了学生学习的主动性，促进学生主动思考方法的联系及背后的道理。比如，围绕114×21，鼓励学生尝试多种方法解决，下面是学生的四种计算方法。（见图3–12）①

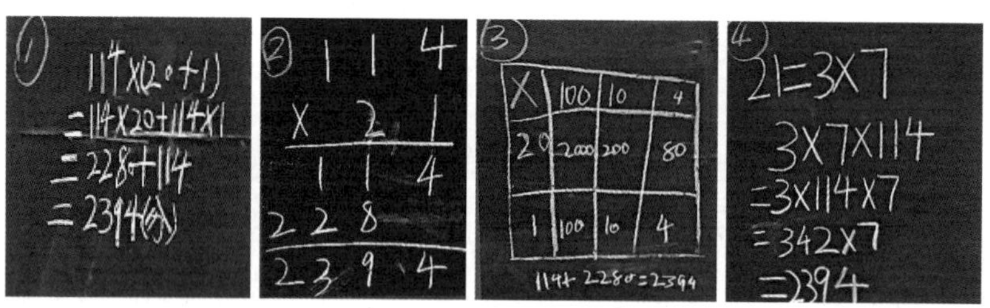

图3–12 学生的计算方法

学生的多种计算方法构成了一个开放的情境，而能够读懂每一种方

① 案例来自北京市海淀区定慧里小学王晓娟老师和她的学生们。

法，尝试思考面对这些方法需要继续研究什么，则具有挑战性，这样就构成了引发冲突、开放有趣的情境。学生们倾听他人的方法，在相互补充质疑中读懂每一种方法，感受到解决同一问题却产生了多种方法，这既使学生有了较充分的体验，又激发他们在认知冲突中产生有价值的问题。

第三，关注学习单的设计，为学生的问题提出提供支持。问题提出的学习活动往往具有挑战性，这就需要为学生提供必要的学习支持。比如，可以为学生提供适当的学习单，这既有利于学生对活动本身形成明确的理解，又能记录下学生提出的问题及思维过程，并便于之后的交流分享。在上面的案例中，教师就这样设计了学习单：先呈现学生的四种计算方法；再提出要求——“观察以上几种计算方法，为了更好地理解这些方法，请你提出值得继续思考的数学问题。”（见第18页图1–1）

这样的学习单给每一位学生提供了思考的机会，促进学生对方法本身、方法之间的联系进行思考。指向清晰的有关问题提出的提示语，可以有效引领学生思考的方向。

我们知道，学生的问题往往来源于他们对情境中事物的好奇，当学生已有经验与情境产生冲突的时候，问题就产生了。因此，在创设了真实情境的基础上，还要为学生提供充分体验的机会。实践表明，学生在充分体验后产生的问题往往是他们真正想要研究而又具有深度的“真”问题。

我们不妨来看下面的例子。面对圆柱和圆锥的学习，如果直接请学生对这一课题提问，学生往往因没有产生太多的冲突，会提出类似“圆柱和圆锥的特点是什么？它们的体积怎么求？如何应用？”等问题。当然这些问题为本单元的学习提供了基本的线索，但仅仅停留于此是不够的。因此，教师设计了如下的数学活动。①

> 想办法制作圆柱、圆锥各一个，材料不限。制作过程中，你有什么发现、猜想？能提出哪些感兴趣的、值得研究的问题？将这些想法记录在表3–3中。

---

① 案例来自北京市海淀区实验小学刘晓老师和她的学生们。

表3-3　制作圆柱与圆锥记录单

我是如何制作的	
我有什么发现	
我最感兴趣、认为最值得研究的问题是什么	
我提出这个问题的理由是什么	

学生通过制作，纷纷提出了自己的问题。以下列举几例：

- 怎么制作一个严丝合缝的圆柱或圆锥？（当然，此问题需要清晰化，进一步转化为数学问题——比如，当长方形的长与圆的周长符合什么关系时，长方形与两个圆可以围成一个圆柱？）
- 通过制作我发现，要想严丝合缝地做出圆锥，侧面展开后的扇形的弧长要等于底面圆的周长，那底面圆的直径和扇形所在圆的直径有什么关系？
- 我发现用n张圆纸片可以堆成一个圆柱。圆柱是由n个圆组成的，有没有可能$V_{柱}=\pi\times r^2\times n$呢？（学生做出了初步的猜测。）
- 我制作出圆柱后，发现看到的几乎所有大殿的柱子都是圆柱形状的，为什么？是圆柱的承重能力较强吗？（通过制作联想到了生活。）
- 当我用扇形围成一个圆锥的时候，发现这和机场饮水机旁用的锥形纸杯的形状是一样的。（见图3-13）为什么要做成这样的纸杯？机场的1个纸杯如果装满能盛多少毫升水？

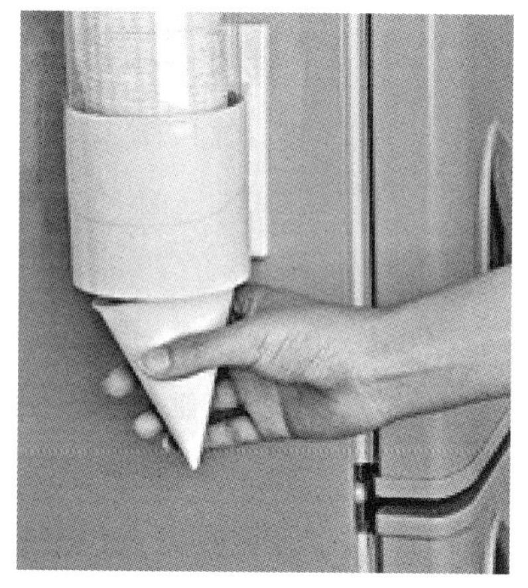
图3-13　圆锥形纸杯

第四，预设学生的问题及解决问题的方法，反思问题提出活动的合理性。在设计了问题提出活动后，教师需要转换角色，把自己放在学生的位置上思考“学生可能提出什么问题？”“他们会用什么方法解决这些问题?”，从而反思问题提出活动的合理性。当然，如果条件允许，我们也可以做部分学生的调研，看一看学生面临这样的活动是如何思考的。

比如，针对上面的三位数乘两位数的问题提出活动，我们进行了学生调研，学生提出了计算方法类和利用计算方法解决其他问题类的多种问题（问题详见第18页）。其中，计算方法类的问题还可以细分为：寻找联系类、探究原因类和寻求其他方法类。

无论是寻找联系，还是探究原因、寻求其他方法，都能够促使学生思考运算方法背后的道理，以及在此基础上寻找通法。比如，学生可以借助实际情境和图来发现这些方法之间的联系：基于数的意义将数进行拆分，并利用乘法的意义将其转化为会计算的问题，然后再将结果合在一起，即“先分后合”。（见图3–14）

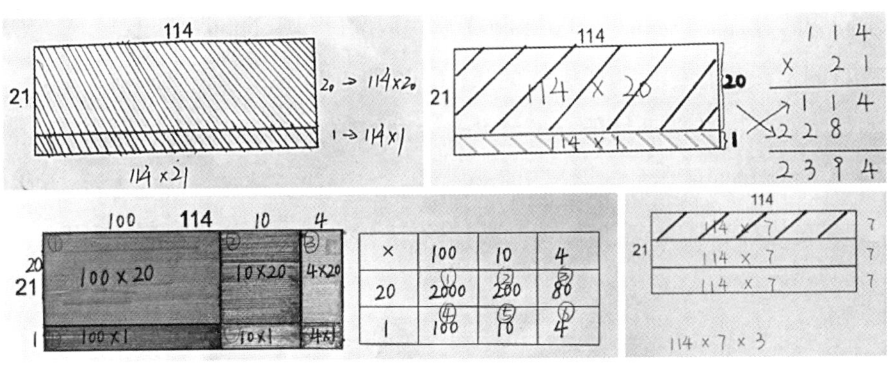

图3–14　学生利用图体会四种方法的联系

实际上，这也是整数乘法计算的通法，可以迁移解决更多的整数乘法。进一步，利用这些方法能否解决更大的数的计算问题，将为学生迁移通法提供机会，让学生感悟由未知到已知的转化。

当然，设计问题提出活动的基本路径并不是唯一的，也不是简单的线性展开，以上只是给出思考的基本线索。同时，如果为学生创设了鼓励提问的氛围，学生可以不断自由地提出他们思考的问题，这与教师设计的问题提出活动会相得益彰。

第三节　设计丰富的问题提出活动

根据问题提出的时机、问题提出活动的结构性、问题提出的方式等，可以呈现多种问题提出活动的类型。

Silver（1994）认为，问题提出指通过对情境的探索产生新问题，或对已有问题进行重新阐释。Silver 和 Cai 则依据时间顺序将数学问题提出分为解决问题前的问题提出、解决问题过程中的问题提出以及解决问题后的问题提出。解决问题前的问题提出是指从一个现实生活或虚拟情境中提出数学问题的过程。（Silver et al.，1996）解决问题过程中的问题提出是指学习者有目的地改变目标问题或问题的条件，以便更利于问题解决的顺利进行，例如，引入一些辅助性的、更容易着手的问题（普遍的、特殊的或类比的问题）。解决问题后的问题提出指在学生已经解决了某一个问题之后，利用"如果是这样，那么会怎样"和"如果不这样，那么会怎样"等过程重新改造问题。

斯托亚诺娃（Stoyanova）和埃勒顿（Ellerton）将数学问题提出任务的结构划分为开放的、半结构化的和结构化的三种。（Stoyanova et al.，1996）其中，开放的数学问题提出任务表示学生需要从一个人为设定的或自然的条件中提出一个问题，在这一情境中可以给出一些方向的提示。例如，Ellerton（1986）引入了数学创造性写作，鼓励学生提出数学问题。她要求澳大利亚学生提出一个对他的朋友而言比较难以解决的数学问题。学生自己自由建构的数学问题情境，不仅能够反映出他们对数学概念的理解，还能够体现出他们对数学内在特征的感知。在一个半结构化的数学问题情境下，学生会被鼓励在一个开放的情境中探索其中的结构，并且应用他们已有的知识、技能、概念和相互之间的联系等，提出符合条件的问题。比如，哈特（Hart，1981）要求他的学生提出能由给定运算解决的问题，目的是了解学生如何通过创设一个具体的问题情境将他们对数学的理解表达出来。斯托亚诺娃和埃勒顿要求学生提出包含直角概念的问题。在一个结构化的数学问题情境下，学生的数学问题提出活动是基于一个特定的数学问题展开的。例如，桥本（Hashimoto，1984）发现，要求他的学生依据一个已解决的数学问题提出一个类似的问题，是一个反映学生对数学概念理解情况的有用工具。

在《为未知而教，为未来而学》一书中，作者分享了提出“有生命力的问题”的四种方式。（珀金斯，2015）方式一，中心线索法。中心线索包含一系列广泛的探究主题，通常以问题的形式出现，学习者可以对此进行长时间的探究。方式二，要素式问题。要素式问题通常涉及提纲挈领式的主题，也可以集中体现为针对特定单元内容的形式。方式三，增殖式问题。最初由教师提出问题，在学生积累一定经验后，再由学生提出相应的问题。方式四，找到问题的焦点。教师可以从提供一个问题的焦点开始，由问题的焦点展开，学生通过集体讨论来收集问题，将封闭性问题与开放性问题区分开来，并在二者之间进行转换，最后提出可能是最重要的问题。

蔡金法和黄荣金（Hwang）从把数学问题提出活动作为一种任务（problem-posing task）的角度，对不同类型的数学问题提出任务加以区分，这些不同的任务类型背后反映出的是问题提出活动所带来的不同学习机会。就学生而言，问题提出任务可以分为两类：（1）学生基于给定的问题情境（包含数学表达式和图表）来提出数学问题；（2）学生改变已经存在的问题，从而生成一个新问题。（Cai et al.，2020）

根据已有文献，特别是教师的课堂实践，我们提出了如下问题提出活动的类型。其中，根据数学对象提出问题，观察现实情境提出问题，在数学活动中提出问题和猜想，在解决挑战性的任务中提出问题，是学生基于给定的问题情境来提出问题；而在已经解决的问题基础上拓展问题，可以看成学生改变已经存在的问题，从而生成一个新问题。

这里提出不同类型不是要人为对问题提出活动进行区分，实际上这些活动之间也存在着交叉，而是提供多种角度以便教师设计出更为丰富的问题提出活动，为学生提供多种问题提出的机会。

一、根据数学对象提出问题

给定数学对象，鼓励学生寻找并提出能用这个数学对象解决的数学问题，在教学实践中常被称为“讲故事”。比如，我们可以根据一个算式讲故事。南京师范大学的张夏雨、喻平在《指向数学素养的系统化教学建议：美国NCTM数学教学实践途径及其启示》中提出了四种水平的教学任务（见表3-4），其中“做数学”的任务属于最高水平的教学任务。在实例中，他们举出了一个为算式“$\frac{2}{3}\times\frac{3}{4}$”编制现实问题并加以解释的例子，正是这里的根据数学对象提出问题。由此可见，完成这一任务需要学生付出较大的认知努力，对于学生理解数学对象、体会数学对象与生活的联系等都有重要作用。

表3-4　四种水平的教学任务（张夏雨 等，2018）

识记水平的教学任务	机械应用水平的教学任务	基于概念理解的应用水平的教学任务	“做数学”水平的教学任务
分数乘法法则是什么？	计算：$\frac{2}{3}\times\frac{3}{4}$，$\frac{5}{6}\times\frac{7}{8}$，$\frac{4}{9}\times\frac{3}{5}$。	找出$\frac{1}{2}$的$\frac{1}{6}$是多少。用方块图画出你的答案，并加以解释。	编制一道关于“$\frac{2}{3}\times\frac{3}{4}$”的现实问题。用乘法公式解决你编制的问题，并加以解释。

实际上，数学对象不仅可以是给定的具体的算式，还可以更为开放，比如请学生提出能表示出“先乘除、后加减”的数学问题。数学对象也不局限于数与代数领域，比如请学生在生活中寻找能运用面积公式解决的实际问题。数学对象还可以包括重要的数学思考过程或解决问题的方法，比如请学生讲推理小故事，或者请学生提出能用某种方法解决的数学问题。下面我们来看两个案例。

案例

教师鼓励二年级学生讲推理小故事①

“推理”这一内容是二年级的学习内容，教材中安排了如下的推理问题。

有语文、数学和道德与法治三本书，小红、小刚、小丽三位同学各拿一本。

小红说：我拿的是语文书。

小丽说：我拿的不是数学书。

小刚拿的是什么书？小丽呢？

教材设计的目的是鼓励学生在解决问题的过程中体验什么是有逻辑的推理，能用一定的方式（如连线、列表等）帮助推理，并尝试有条理地表述自己推理的过程，发展推理能力。推理的作用如此重要，同时它又和我们的生活联系紧密，为什么不鼓励学生自己来提出一些推理问题，并与同伴分享、共同解决呢？学生们自己提出推理问题，不仅激发了学生的学习兴趣和主动性，而且在构思推理问题的过程中，学生自身的推理能力也将得到极大发展。

于是，教师进行了单元备课，首先通过第一节课帮助学生明确什么是推理，可以用哪些方法帮助推理；在此基础上，第二节课鼓励学生讲推理小故事；第三节课则是分享交流，促进学生反思修改自己的小故事。考虑到二年级学生的年龄特点，教师把第二节课的学习活动设计为：学生通过修改他人的作品体会如何编写合理的推理小故事，进一步鼓励所有学生都能够编写一个属于自己的推理故事。下面是课堂中的几个主要教学片段。

---

① 案例来自北京市东城区史家胡同小学侯宇菲老师和她的学生们。

片段1　补充故事

课堂开始，教师呈现了一个不完整的“猜猜大树年龄”的推理问题。（见图3-15）

图3-15　猜猜大树年龄

通过阅读和思考，学生很快发现：信息不完整，需要补充信息。

学生通过独立思考和与同桌讨论，补充了三种不同的信息，并通过表格分析进行了有理有据的推理。

生1　乙说“我的岁数是18岁”。

生2　乙说“我的岁数不是最大的，也不是最小的”。

生3　乙说“我的岁数不是最大的，但我比甲大”。

片段2　修改有问题的故事

在学生明确了合理的推理故事要做到信息完整后，教师又呈现了一个推理故事“跑步比赛”（见图3-16），这个故事的信息之间是有矛盾的。学生边读题，边摆一摆、排一排代表A、B、C、D的四张卡片，边思考。突然，学生们纷纷举起了“小问号”。

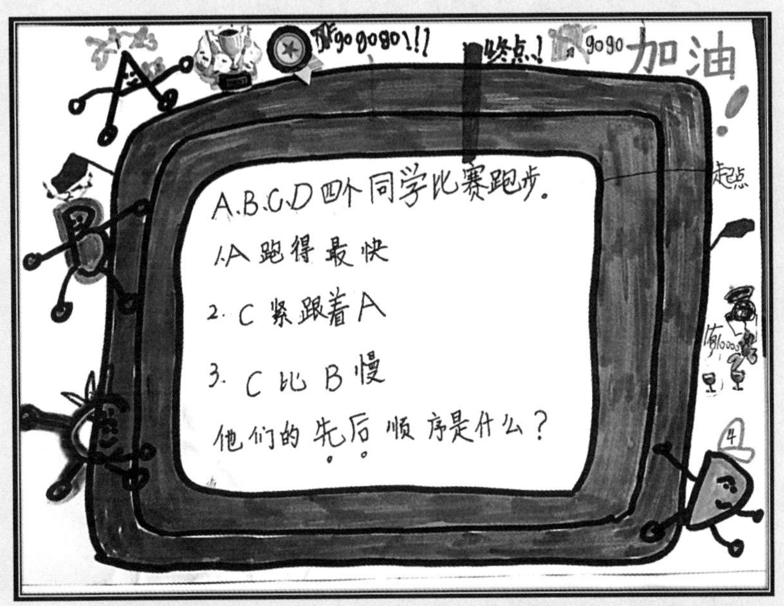

图3-16 跑步比赛

师 怎么这么多“小问号”？

生1 我觉得他说得有点乱。

生2 第一条信息说A是跑得最快的，所以A就在最前头。第二条说C紧跟着A，那C就应该跟在A后面。第三条说C比B跑得慢，可是A和C是挨着的，那B就不可能插进去了呀。

生3 对，B没地儿了！

随后学生独立思考，在自己的学习单上进行了信息的修改，修改完之后继续用手中的卡片再摆一摆，检查改编后的故事是否合理。下面是学生的一些有代表性的改编。

改编1：将第三条“C比B慢”改为了“B比D快”。（学生们都认同了这个修改。）

改编2：将第三条“C比B慢”改为了“B比C慢”。

对于这个修改，学生们展开了热烈的讨论。

生1　这条信息补充的是B比C慢，因为C在A的后面，所以B一定是在C的后面，但是还有D。如果B在D的前面，也可以B在C的后面；如果B在D的后面，也可以B在C的后面。

生2　他这个说来说去还是不知道D在哪儿。

生3　可以补上D最慢。

至此全班学生都认可了这个修改。

改编3：将第三条“C比B慢”直接改为了“D最慢”。

师　还有一位同学，他修改的也是第三条，看看这两个有没有区别。

生1　他比之前少了一个“B比C慢”。

生2　他们两个说的都是一样的，只不过说法不一样。

生3　他们两个描述的都是一样的信息，只不过前一个描述多了半句话，有点麻烦。

生4　“B比C慢”我觉得是不用的，因为B肯定比C慢，因为C是紧跟着A的，说D最慢就够了。

通过讨论，学生们体会到：要让一个推理故事合理，除了信息和问题要完整以外，还得做到信息之间没有矛盾，同时尽量避免出现多余信息。至此，学生已经在补充、修改故事两个环节初步获得了经验，下面就进入独立编写推理故事的环节了。

片段3 独立编写推理故事

首先给学生提供独立创作的时间。学生们完成故事的编写后，先自己检查推理故事是否合理，然后同桌互换，看看能否解决别人的问题。图3–17是学生的部分作品。

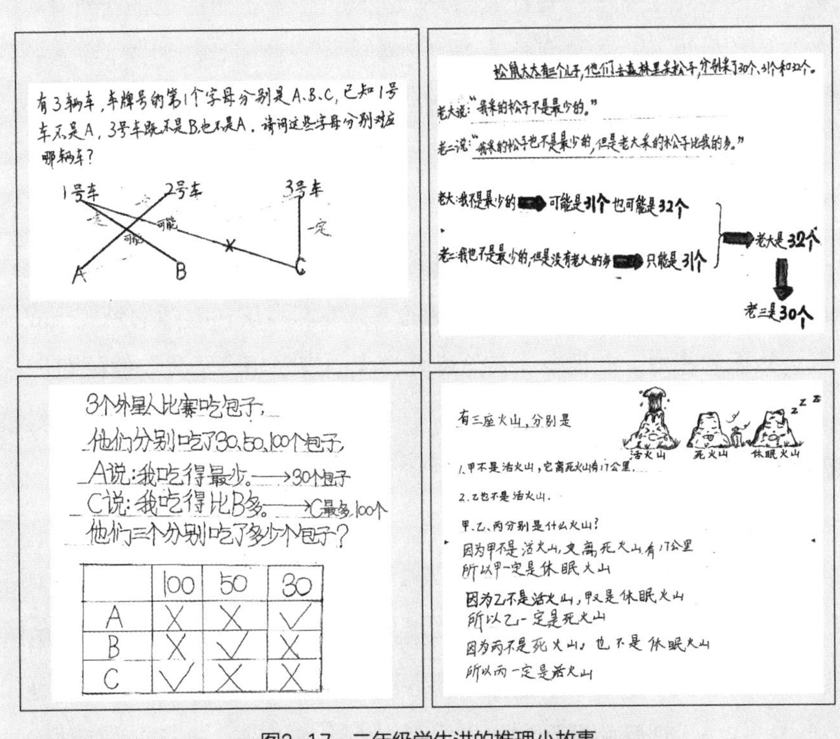

图3–17 二年级学生讲的推理小故事

经过课堂实践，我们欣喜地发现，只要给学生创造机会以及方法上的必要指导，给他们足够的思考时间，学生们编写的故事既生动有趣、贴近生活，又符合逻辑。学生们通过解决自己或同伴提出的推理问题，不断发展推理能力。大家交流各自故事的热情高涨。也有学生还需要时间来继续完善自己的故事，于是我们进行了第三节课的实践，鼓励大家在完善故事的基础上，全班阅读大家的故事并推选部分故事的问题进行解决。利用这一时间，教师也对一些存在困难的学生进行了个别指导。最终班级推选出推理故事TOP 10（前十名），留下来作为下一届二年级弟弟妹妹们的学习素材。

课后，我们对学生进行了采访，请他们谈谈上完“推理”单元课的感受。一位学生说道：“很喜欢讲故事。原来我们在学习的时候都是老师准备好了推理问题让我们进行推理，老师出示的这个问题肯定是正确的。但是这次换成让我们自己讲故事，就得考虑很多，比如这个故事是不是完整，是不是有矛盾。”还有一位学生说道：“最喜欢的就是自己编写故事这个环节。我们在编故事的时候要给别人提供合适的信息，不能太简单也不能太难。”

通过学生的反馈，我们能真切地感受到孩子们在情感上很喜欢这样的课堂，在兴趣和积极情绪的促进下，他们不仅在教师的带领下完成了知识和能力上的目标，甚至部分学生的表现超出了我们的预期。

案例

提出能用同一方法计算的其他算式[①]

这一问题提出活动在计算教学中经常采用，在学生探索出计算方法后，它常被用来鼓励学生迁移此方法，提出能用此方法解决的其他算式。这一活动既能帮助学生再次巩固方法和算理，又能使学生体会到通法的价值，迁移所学方法，计算更多的算式，发展运算能力。同时，学生们还可以解决自己提出的算式，大大增强了学习的主动性。

比如，当探索完两位数乘一位数如何计算后，鼓励学生独立提出

① 案例来自北京大学附属实验小学。

一个整数乘法的算式，希望这个算式既能用相同的方法（拆分转化为能计算的算式）解决，又能有“新情况”产生。学生们写出算式后，先试着独立解决。

学生们写出了多种多样的算式。

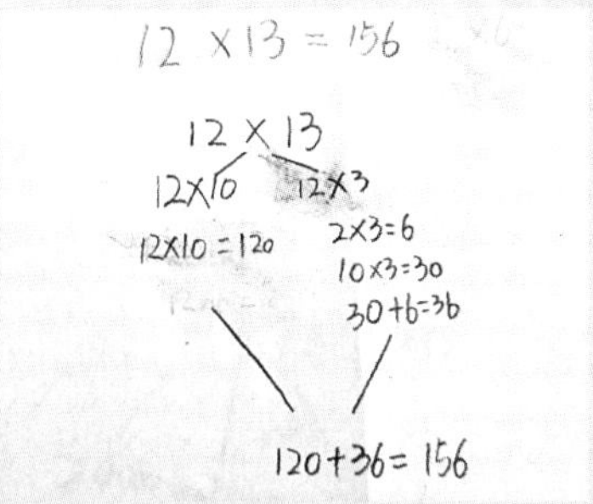

- 两位数乘两位数

有学生将数位增多，变成两位数乘两位数。虽然位数变多了，但仍然能“拆分为”原来学过的算式解决。（见图3-18）

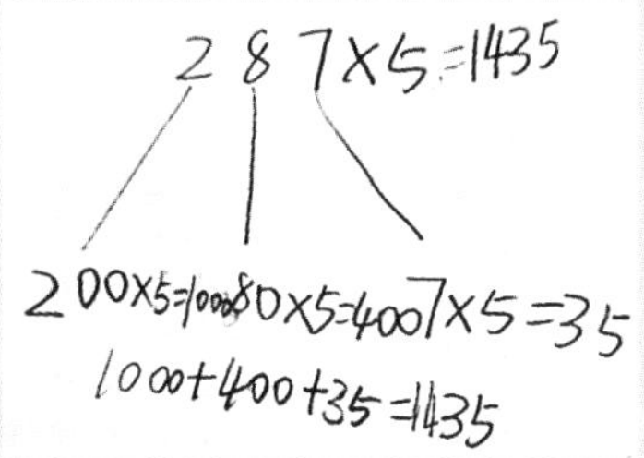

图3-18　两位数乘两位数的拆分

- 三位数乘一位数

有学生写出三位数乘一位数的算式。虽然出现了整百数的“新情况”，但利用对数位的理解完全可以解决。计算的基本方法还是一致的，就是“拆成”我们能计算的算式。（见图3-19）

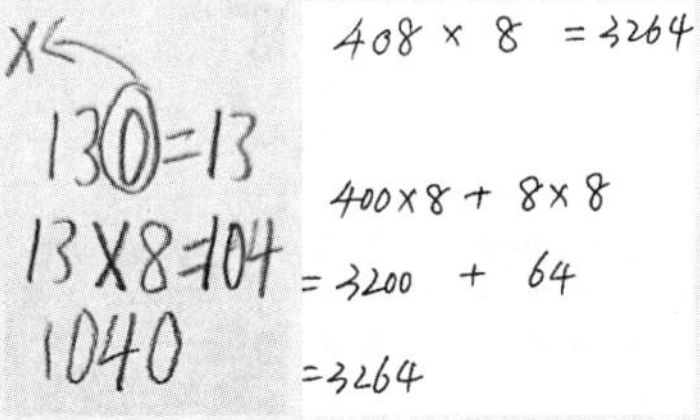

图3-19　三位数乘一位数的拆分

- 带“0”的运算

有学生认为“0”是新情况，比如末尾为零、中间为零的情况。但大家经过讨论，认识到其实方法也是一样的。在此基础上，学生还体会了运用数位计算的办法。比如130×8，先算13×8=104，结果应该为104个10，也就是1040。（见图3-20）

图3-20　带“0”的运算

二、观察现实情境提出问题

在学生开始进行问题提出活动时，可以利用教材中的情境图，鼓励学生在情境中寻找出数量，根据数量之间的关系发现和提出问题。我们来看下面的案例。

案例

观察教材中的情境图，发现并提出问题

图3-21是北师大版一年级教材中的一幅情境图，图中呈现了羊、鹅和小鸟三种动物。对每一种动物，首先鼓励学生数清楚各种动物的数量，然后根据数量之间的关系提出数学问题。下面是一年级学生提出的部分问题，包括数量的和，以及不同动物数量的比较。

图3-21　教材中的情境图

问题1　树上有5只小鸟，又飞来11只小鸟，一共有多少只小鸟？新飞来的小鸟比树上的小鸟多几只？

问题2　河里有8只鹅，岸上有6只鹅，一共有多少只鹅？岸上的鹅比河里的少几只？

问题3　一共有16只小鸟，14只鹅，谁多谁少？多几只？

问题4　现在有12只羊，有3只淘气地藏起来了，还剩多少只？

问题5　现在有10棵白菜，想给每只小羊一棵白菜，够吗？

这些问题既体现了学生对数量关系的理解，又反映出加减运算的多种现实原型。

进一步，教师需要创设一个符合儿童年龄特点和生活经验、具有一定挑战性和富有数学意义的现实情境，鼓励学生发现并提出问题。教师也可以放手让学生观察现实世界，提出要解决的实际问题。下面就是一位老师将真实的购物小票带入课堂，鼓励学生发现和提出问题并尝试解决的案例。

案例

购物小票中的数学问题[①]

在学习了小数的加、减、乘以后，教师鼓励学生对一张真实的购物小票（见图3-22）提出数学问题，并尝试解决。

下面是学生提出的有代表性的问题。

问题1　购买A牌牛奶和B牌牛奶各1袋，共多少元？

问题2　都是240毫升，买A牌牛奶实际比买B牌牛奶多花多少元？

问题3　如果不打折，这些商品要花多少元？

问题4　408克巧克力派的价钱是204克巧克力派的多少倍？

问题5　408克巧克力派和204克巧克力派哪个更划算？便宜了多少元？

问题6　A牌牛奶和B牌牛奶哪个折扣多？分别打了几折？

欢迎光临XX超市
丰台区六里桥店

店号：BJ0001 2018/06/07 20:20:20
收银机号：LL12 小票号：04941915
收银员：80801035 类型：零售销售
商品名称　数量　单价　成交价
================================
[*+t]702蛋酥沙琪玛469g
6914782203617 1　17.90　9.90
[*+t]702蛋酥沙琪玛469g
6914782203617 1　17.90　9.90
[+t]巧克力派204g
6920907800944 1　11.80　11.80
[+t]巧克力派408g
6920907800968 1　19.50　19.50
[*+t]A牌纯鲜牛奶240ML
6907992500942 1　2.50　2.00
[*+t]B牌纯牛奶240ml
6923644210779 1　2.50　1.80
[+t]凉茶饮料250ml
4891599601138 1　2.50　2.50
降价优惠合计:17.20
总额折扣：17.20
================================
应　收：　57.40　件　数:7
实　收：　57.40　找　零:0.00
================================
微信支付　57.40
实际扣款：57.40
订单号：
6521100024201806077222608152
会员帐号：1-20306307
客服电话：010-XXXXXXXX
请当面清点所购商品和找零，并保管好收银小票以做开发票，退换货凭证
请至服务台索取分币，谢谢惠顾
积分查询请登录www.xxxxxxx.cn

图3-22　购物小票

① 案例来自北京市海淀区万泉小学李聪璐老师和她的学生们。

学生根据小票信息和数量关系，运用了多种方法解决这些问题：

比如，对于“如果不打折，这些商品要花多少钱?”这个问题，有学生用“如果没有打折就是把所有物品的钱加起来，也就是17.90+17.90+11.80+19.50+3 × 2.50=74.60（元）”，也有学生用实际支付的钱加上打折的钱“57.40+17.20=74.60（元）”。

又如，对于“408 克巧克力派和204 克巧克力派哪个更划算?”这个问题，有的学生把204 克巧克力派的价钱乘2后与408 克巧克力派的价钱来比较，有的学生则都化成204克进行比较。（见图3–23）

11.8×2=23.6(元) 23.6－19.5=4.1(元) 答：408克更值，便宜了4.1元。	408÷204=2 19.5÷2=9.75(元) 11.80－9.75=2.05(元) 答：408克便宜，每204克便宜2.05元。

图3–23　学生解决“408 克巧克力派和204 克巧克力派哪个更划算”的作品[①]

学生们还对没有学过的“打折”问题进行了尝试，这也为后续学习奠定了基础。图3–24是一位学生在解决“A牌牛奶原价2.5元，现在卖2元，打了多少折？B牌牛奶原价2.5元，现价1.8元，打了多少折?”的做法。

也有学生想到了用除法计算，比如$2\div2.5=\frac{2}{2.5}=\frac{8}{10}$，算出相当于打了八折。大家通过讨论发现，把原价平均分成10份，现价只需要8份的价钱就能买到，所以是八折。

进一步，学生提出了新的感到好奇的问题：为什么有的商品打

① 学生作品中多把小数点后第二位的“0”省去了。

折，有的商品却不打折？具体的折扣与什么有关？同一个商品中，大包装比小包装更划算一些，那么大包装的定价是如何考虑的？针对这些问题，如果继续讨论，学生将会思考影响折扣和定价的主要因素有哪些，还可以去实际调查、收集有关数据，尝试解决问题。通过这些活动，学生将慢慢走进数学建模的大门。

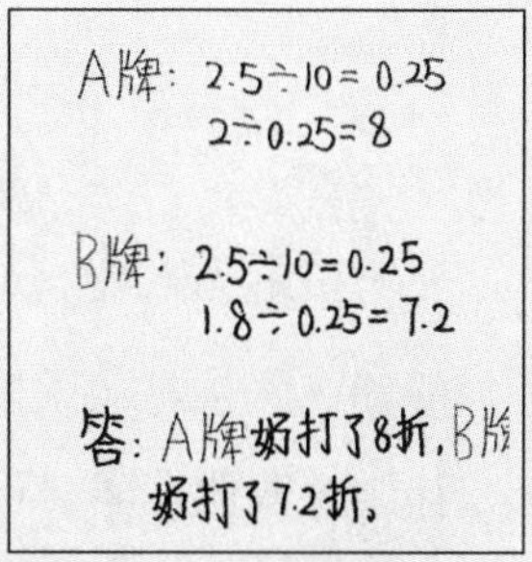

A牌：2.5÷10=0.25
2÷0.25=8

B牌：2.5÷10=0.25
1.8÷0.25=7.2

答：A牌奶打了8折，B牌奶打了7.2折。

图3-24　学生解决“打折问题”的作品

在“问题引领学习”中，学生面对真实情境提出的丰富问题，有的并不局限于数学学科，这就需要开展跨学科学习。在提倡核心素养和综合素养发展的今天，跨学科课程、跨学科教学、跨学科学习也变得日益重要，跨学科着眼于多学科视角和思维下的解决问题的能力、综合素养和跨学科的理解。针对跨学科学习，如何创设真正激发学生好奇和探索愿望的任务是教学中的一大难题，而学生自己提出的问题往往能够导向适合的学习任务，特别是面对真实情境，学生往往会提出不同学科的问题或者需要利用不同学科的知识才能解决的问题，跨学科学习自然发生。

总的来说，“问题引领学习”下的跨学科学习主要包括如下三种形式：第一，针对同一主题，学生从不同角度提出问题，需要多学科分别加以解决，也就是多学科主题活动。第二，针对现实生活中的真实问题，融合不同学科或者超越学科界限，综合运用不同学科的知识和方法尝试解决。第三，学生提出不同学科的个性化问题，在教师或教师团队的指导下自主开展研究。下面我们来看一个多学科主题活动的案例。

案例

二十四节气中的问题①

对于二十四节气，有不少学生产生了好奇，想要了解有关二十四节气的知识。于是，学校利用寒假假期开展了制作二十四节气尺的活动，让学生寒假期间自己动手制作二十四节气尺（学生部分作品见图3-25），并将自己在查找资料以及制作过程中的问题记录下来。

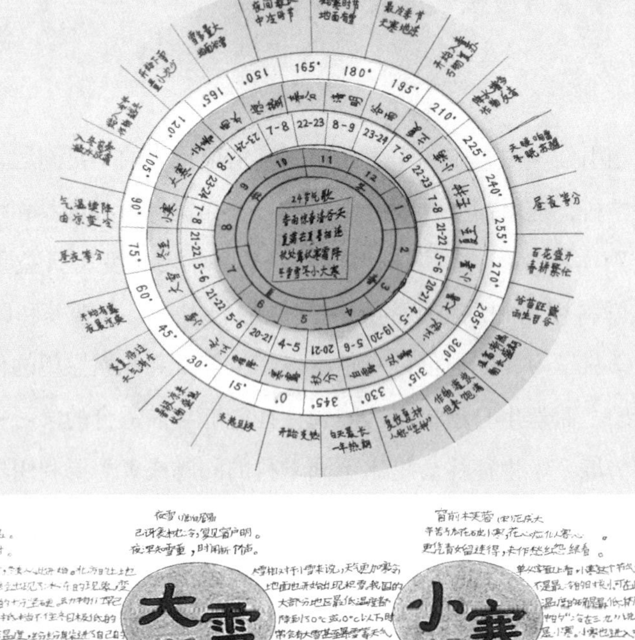

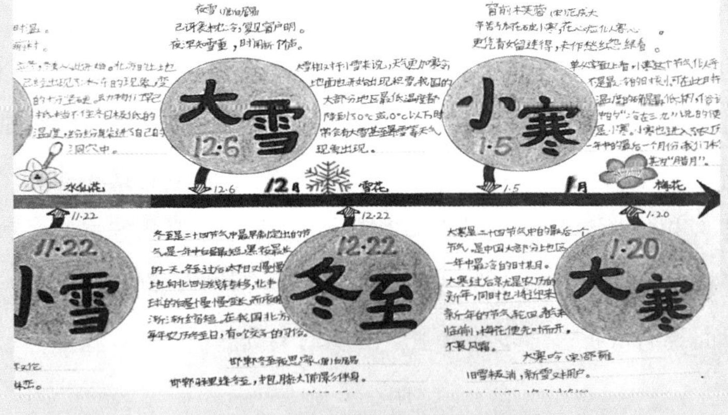

图3-25 学生制作的二十四节气尺

① 案例来自北京市西城区奋斗小学。

开学初，学校安排了一周的时间将大家的作品展示出来，学生互相欣赏作品，也仔细阅读提出的问题。学生的兴趣不同，提出了很多有趣又值得进一步研究的问题。以下列举几例。

问题1　每年二十四节气的时间都一样吗？

问题2　小寒、大寒到底哪个更冷呢？

问题3　二十四节气适合全球吗？

问题4　有哪些和二十四节气有关的诗？

问题5　在每一个节气人们是如何生活的？有哪些有代表性的活动？

在整理学生的问题时，不少学生问道："小寒、大寒到底哪个更冷呢？"从字面上理解，"大寒"应该是更冷的意思，但为什么古语有"小寒胜大寒"的说法？这引发了学生的认知冲突，要回答这个问题必须靠数据说话。于是，数学陶老师就利用这个问题与学生们一起开展了统计学习。

通过讨论，大家决定从天气网上收集2011—2018年小寒、大寒当天的最低气温进行比较。各组想到了用不同的方法进行比较。

组1　比冷的次数。

这个小组是一年一年地比，通过比大寒和小寒哪个冷的次数多，最终得到大寒冷的结论。（见图3-26）

姓名：任泊湾

温度 年份 节气	2018	2017	2016	2015	2014	2013	2012	2011
小寒（℃）	−6	−4	−6	−6√	−4	−12√	−6	−10√
大寒（℃）	−6	−8√	−7√	−2	−5√	−6	−11√	−7

我们比较数据的方法是：比冷的次数（小寒3次，大寒4次）

我们的结论是：大寒冷

图3-26　小组比较表1

组2　比气温的总数。

这个小组将这8年小寒的最低温度、大寒的最低温度分别加起来，然后比较总数。（见图3–27）

姓名：张梓轩

温度/年份 节气	2018	2017	2016	2015	2014	2013	2012	2011	
小寒（℃）	−6	−4	−6	−6	−4	−12	−6	−10	−54
大寒（℃）	−6	−8	−7	−2	−5	−6	−11	−7	−52

我们比较数据的方法是：比总数 −54 > −52

我们的结论是：小寒冷

图3–27　小组比较表2[①]

组3　比几年最低的温度。

这个小组将这8年小寒、大寒的最低温度分别挑出来，然后进行比较。（见图3–28）

姓名：刘钦垚

温度/年份 节气	2018	2017	2016	2015	2014	2013	2012	2011
小寒（℃）	−6	−4	−6	−6	−4	(−12)	−6	−10
大寒（℃）	−6	−8	−7	−2	−5	−6	(−11)	−7

我们比较数据的方法是：这些年最冷的温度进行比较

我们的结论是：小寒冷

图3–28　小组比较表3

组4　比平均数。

这个小组分别计算了这8年小寒最低温度的平均数、大寒最低温度的平均数，然后进行比较。（见图3–29）

① 图中“−54 > −52”意指−54℃比−52℃冷。——编者注

姓名：冯星越

温度 年份 节气	2018	2017	2016	2015	2014	2013	2012	2011	
小寒（℃）	−6	−4	−6	−6	−4	−12	−6	−10	−54÷8=−6.75
大寒（℃）	−6	−8	−7	−2	−5	−6	−11	−7	−52÷8=−6.5

我们比较数据的方法是：通过比平均数的方法

我们的结论是：小寒更冷

图3-29　小组比较表4

对简简单单的8个数据，就有这么多分析的角度，哪个是对的呢？史宁中（2008）教授在《数学思想概论：数量与数量关系的抽象（第1辑）》中谈道："统计学对结果的判断标准是'好坏'，从这个意义上说，统计学不仅是一门科学，也是一门艺术，因为艺术是允许'仁者见仁，智者见智'的。"统计学有其科学的一方面，但也有其艺术的一方面。对于同样的数据，由于背景和目标不同，可以有多种分析的方法，需要根据问题背景选择合适的方法。

在此基础上，学生们还是觉得年份不够，需要收集更多的数据。于是，教师找来了北京地区1951—2018年这68年来大寒、小寒的最低温度：利用软件比温度低的次数，小寒冷；计算求和，小寒冷；比最低温度，仍然是小寒冷。最终，我们得出了结论：如果比较小寒、大寒当天的最低气温，北京地区1951—2018年小寒冷。学生们又纷纷提出新的问题：其他地区这68年来小寒和大寒哪个更冷呢？会不会有其他的比较方法呢？这再次点燃了大家研究的热情。

总之，如果我们能鼓励学生在发现和提出问题、分析和解决问题的过程中，去主动地思考和应用数学，去体会数学的思想方法，去持续地探索，去提出有价值的创意，去感受数学的力量，学生的创新意识和应用意识就会逐步得到发展。

三、在数学活动中提出问题和猜想

学生应当有足够的时间和空间经历观察、实验、猜测、计算、推理、验证等活动过程，他们在数学活动中不应只是解决问题，还要不断发现和提出问题。只要我们能鼓励学生将自己的发现、好奇、困惑提出来，这就能成为一个问题提出的活动。教师还可以进一步鼓励学生通过归纳、类比等得到猜想。

比如，在对质数的学习中，许多教师会设计在百数表中将质数“筛”出来的活动。其实只要在此基础上鼓励学生去进一步观察、思考，他们就会得到不少的发现，提出值得研究的问题。

案例

关于质数的发现和猜想①

学生学习了质数、合数的概念后，可以尝试把百数表里的质数都“筛”出来。（见图3–30）

1	(2)	(3)	4	(5)	6	(7)	8	9	10
(11)	12	(13)	14	15	16	(17)	18	(19)	20
21	22	(23)	24	25	26	27	28	(29)	30
(31)	32	33	34	35	36	(37)	38	39	40
(41)	42	(43)	44	45	46	(47)	48	49	50
51	52	(53)	54	55	56	57	58	(59)	60
(61)	62	63	64	65	66	(67)	68	69	70
(71)	72	(73)	74	75	76	77	78	(79)	80
81	82	(83)	84	85	86	87	88	(89)	90
91	92	93	94	95	96	(97)	98	99	100

图3–30　1—100中“筛”出的质数

① 案例来自北京市海淀区第二实验小学、北京石油学院附属实验小学。

教师鼓励学生再次观察百数表中筛出的质数，说一说有什么发现。经过认真观察，学生们纷纷发表了自己的想法。

生1　除第一行外，其他行质数的尾数是1、3、7、9。（学生们利用什么是质数解释了这一发现。）

生2　末尾是3的质数最多。

生3　百数表中，前面的质数分布得比较密，后面越来越稀疏。

师　你能具体说说想法吗？

生3　质数2与3相邻，质数3与5中间间隔1个数，质数7与11间隔3个数。后来相邻的两个质数开始间隔5个数，最后89和97之间间隔了7个数。

在发现的基础上，学生对质数的分布提出了自己的问题，有的还给出了猜想。下面是一些典型的想法。

问题1　是不是每100个数中就会有25个质数？

问题2　在200以内，197会不会是最大的质数？

问题3　100以外的质数是不是和这些质数的分布差不多？

问题4　是不是末尾是3的质数最多？

问题5　相邻质数之间间隔的数的个数是不是越来越多？

问题6　每100个数（1—100，101—200……）的质数会不会越来越少？

问题7　100以上的质数是不是不仅要划去2、3、5、7的倍数（除其本身外），还要划去更多数的倍数？

接着，学生利用100—200的数表，尝试解决上面的部分问题。比如对问题7，学生发现不仅需要划掉2、3、5、7的倍数，还要划掉质数11、13的倍数。此时，学生发现了合数都可以拆成质数相乘的形式，如57=3×19；2、3、5、7、11、13等质数就像数根一样生成更大的数，从而对质数有了更深的认识。由于课堂时间有限，没有被解决的问题被放入问题角，以便感兴趣的学生继续研究。

学生一旦对自己提出的问题充满好奇，就会坚持不懈地努力，持续地开展研究。比如，一个小组对“每100个数（1—100，101—200……）的质数会不会越来越少?”这个问题开展了研究，下面是他们的研究过程和结果。

案例

每100个数（1—100，101—200……）的质数会不会越来越少?①

在课堂上，学生们发现了1—100中质数是25个，101—200中质数是21个。课下，这个小组继续找，发现201—300中质数是16个。于是，他们得到初步的结论：数越大，每100个数中质数的个数是越来越少的。

可是，组内有同学质疑，仅凭现有的几组数据不足以说明这个结论的正确性，于是大家一致认为应该继续研究。他们上网查询后发现：3000以内，质数的个数情况分别是：

100以内质数有25个；101—200中质数有21个；201—300中质数有16个；301—400中质数有16个；401—500中质数有17个；501—600中质数有14个；601—700中质数有16个；701—800中质数有14个；801—900中质数有15个；901—1000中质数有14个；1001—1100中质数有16个；1101—1200中质数有12个；1201—1300中质数有15个；1301—1400中质

① 案例来自北京石油学院附属实验小学。

数有11个；1401—1500中质数有17个；1501—1600中质数有12个；1601—1700中质数有15个；1701—1800中质数有12个；1801—1900中质数有12个；1901—2000中质数有13个；2001—2100中质数有14个；2101—2200中质数有10个；2201—2300中质数有15个；2301—2400中质数有15个；2401—2500中质数有10个；2501—2600中质数有11个；2601—2700中质数有15个；2701—2800中质数有14个；2801—2900中质数有12个；2901—3000中质数有11个。

学生们在这次的验证中产生了新问题：质数在后面更大的数中（每一百个数为一个区间）并不是一直减少的，那么质数的分布有没有规律？这时候大家想到了通过画图来看清质数分布的变化情况。（见图3-31）

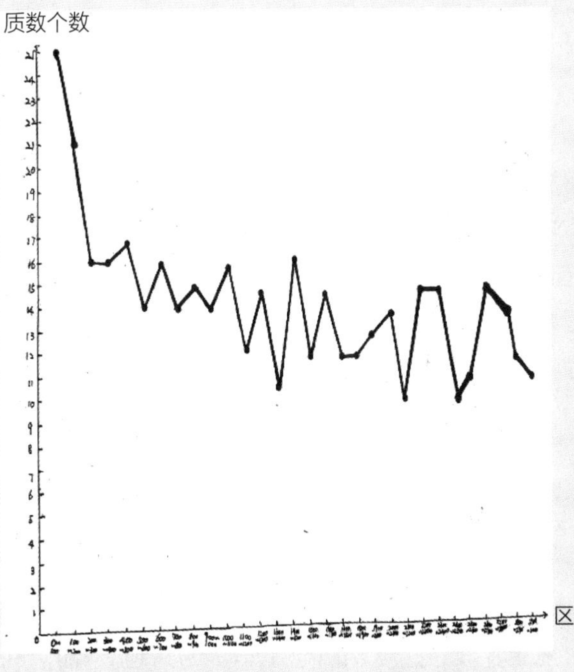

图3-31　每100个数中质数个数的变化情况

通过观察图3-31，学生们得出结论：每100个数中质数的个数总体是越来越少的，但不是一直减少的，而是“曲折螺旋”地减少的。

四、在解决挑战性的任务中提出问题

教师可以为学生布置富有挑战性的任务（此时任务构成了真实情境），学生提出为了完成任务需要解决的问题，通过对这些问题的解决，学生最终完成任务。比如，为了完成绘制校园平面图的任务，学生可提出一般的平面图中应该包括什么、如何刻画学校主要建筑物的位置、选择多大的比例尺合适等问题。下面我们来看一个瑞典学者介绍的案例。

案例

回家的时间①

每天放学回家，学生在路上到底需要多长时间？谁会先到家？他们在回家的路上会遇到些什么？他们选用的是什么回家方式？简单的“回家”里面蕴含的问题却很多。怎样才能让学生都积极参与到对问题的思考与研究当中呢？需要创设发生在学生身边的真实情境，让他们有亲近感，有自我解决问题的欲望。

片段1　根据真实情境提出挑战性任务，为了解决任务发现并提出问题

课前，教师找来六年级班上的两个学生丽萨和爱丽丝，让她们从学校同时出发回家，录下她们从学校出发及在路上行走的情况，并在课堂上播放视频片段，这立刻引起了学生的兴趣。“丽萨和爱丽丝一

① 案例来自瑞典卡尔松学校道瑞斯先生在“第十六届全国新世纪小学数学课程与教学系列研讨会”上做的学术报告，由张莉根据报告整理而成。此处做了压缩和部分修改。

起同时从学校回家，谁会先到家?”教师提出了这一挑战性任务，学生们陷入了思考。

生1　老师，您给出的信息太少了，我们需要更多的信息才能判断究竟谁会先到家。

师　你们还需要哪些信息?

生2　需要知道她们分别住在哪里。

教师在地图上标注出学校和两位同学家的地点，并给了学生10分钟的思考时间。为了完成这个任务，学生们继续提出需要解决的问题。

生3　她们在回家的路上会遇到哪些障碍?

生4　每个人要走多久才能到家?

生5　每个人从学校到家的距离有多远?

生6　她们走得有多快?

生7　她们是步行回家还是采取其他交通方式?

……

片段2　独立思考，合作交流，初步解决问题

学生提出了很多问题，教师一一在黑板上做好记录。接下来讨论这些问题时，先是个人思考，然后小组讨论，最后全班一起来解决这些问题。学生首先在地图上分析这些问题，探索两位同学从学校到家的距离、路上的障碍、交通灯的个数等。

有学生用尺子在地图上分别测量从学校到丽萨家和爱丽丝家的长度，认为：只要用尺子量出距离，根据距离的长短就可以直接判断出丽萨和爱丽丝两人到底谁先到家了。

有学生不同意，认为虽然在地图上量出了距离，可是她们走得快慢一样吗？她们回家的路是直的吗？

“是的，还有很多其他因素不清楚呢。”其他学生补充道。学生们完全融入了对这个问题的思考和研究之中。

通过观察及在地图上测算，发现从学校到丽萨家的距离为600米左右，从学校到爱丽丝家的距离超过了800米。她们在路上可能遇到的障碍和交通灯也不同，丽萨回家途中可能有2—5个交通灯需要等待，而爱丽丝却可能有8个交通灯需要等待。根据估算的时间，学生认为丽萨应该先到家。

片段3　实践体验，解决真实生活中的问题

通过在教室里的深入讨论，学生们得出了结论：丽萨和爱丽丝一起同时从学校出发，丽萨先到家。实际情况真的是这样吗？这时，教师把学生带出教室，让他们亲自去走一走，实地验证并记录下过程中遇到的问题。教师把学生分成两组，一组走到丽萨家，一组走到爱丽丝家，每个小组带好秒表、记录纸、测量仪器后便愉快地出发了。

学生在实际走一走的过程中，发现了许多意想不到的事情，他们一一做了详细的记录。再次回到教室进行交流时，学生体会到自己实际遇到的问题与前面考虑的内容有一些不同。如丽萨在走路回家的时候，有一条马路并不能直接过去，而需要绕很大一圈，所以丽萨回家的实际距离和在地图上量出来的距离是不一致的。而通过交流实际结果，学生发现，她们居然是同时到家的。可她们总是会同时到家吗？这便又产生了新的问题。尽管对这个问题无法得到一个标准答案，但从中学生真正学会了：在现实生活中出现的问题，可能会有多种方式来解决，也可能无法得到一个唯一的结论。

面对这样一个看似简单的情境，让学生亲自去实践、去体验，不仅激发了他们学习数学的兴趣，更促使学生提出问题和解决问题，提高了用数学解决实际问题的能力。

进一步地，挑战性任务还可以由学生自己提出，学生从自己的兴趣出发，自己选题，自己找资料，自己研究，自己得出结论，自己把研究成果展现给大家。这一过程对于学生发展创新意识、实践能力、综合素养等都是非常重要的。

五、在已经解决的问题基础上拓展问题

布朗和沃尔特提出用“否定假设法”（what-if-not）来提出问题。这种策略的基本思路为：“如果不这样，那么会怎样?”这是一种从原问题出发，产生新的问题的策略。（Brown et al.，1983）通过讨论问题成分的意义，以及尝试对问题成分进行修改，学生能够从问题当中获得更深层次的理解，而非仅仅是从问题当中寻找答案。1990年，布朗和沃尔特在《提出问题的艺术》（*The art of problem posing*）一书中将问题分解为若干种属性，每一种属性都有其替代性的选项，并且基于这些替代性的选项，可以在已有问题基础上提出新的问题。

教师可以鼓励学生面对已经解决的问题，通过比较和联想等，提出新的问题。比如，在学习了加法交换律的基础上，通过“what-if-not”，学生可进一步提出如果是减法、乘法、除法或者三个数相加等，是否还有类似的规律等问题。

案例

使用“what-if-not”，由加法交换律提出更多的问题[1]

在学习了加法交换律的基础上，鼓励学生采用“what-if-not”提出新问题和新猜想。

学生第一次是通过改变加法运算来提出问题和猜想：

如果两个数相减，交换被减数和减数的位置，差变化吗？猜想：变化。

如果两个数相乘，交换因数的位置，积变化吗？猜想：积不变。

如果两个数相除，交换被除数和除数的位置，商变化吗？猜想：变化。

通过研究，学生发现乘法也有交换律，通过举反例发现除法和减法没有交换律。在验证乘法交换律时，有的学生继续采用举例子的方法，还有学生用画图或利用乘法的意义来验证自己的猜想。

在此基础上，学生通过改变数的个数第二次提出猜想：

三个数相加，交换加数的位置，和还是不变。

三个数相乘，交换因数的位置，积还是不变。

除法三个数都互换的话，这个结论就不成立了。

减法三个数都互换的话，这个结论就不成立了。

关于除法的猜想，大家发现，被除数不动，后两个除数交换位置，商不变。比如24 ÷ 3 ÷ 2=4，24 ÷ 2 ÷ 3=4，商不变。

关于减法的猜想，大家发现，被减数不动，后两个减数交换位置，差不变。比如8–1–2=5，8–2–1=5，交换后两个数，差不变。

进一步，想办法验证自己的猜想，并且解释猜想成立或不成立的原因。

---

① 案例来自中国人民大学附属小学赵娣老师和她的学生们。

实际上，学生们可以从多个角度提出新问题，比如提出相反的问题，提出特殊化的问题，提出一般化的问题，提出联想到的其他问题，等等。比如，在下面的案例中，一年级的学生们提出了相反的问题，并开展了有趣而有意义的探索。

案例

正方形能变成正方体吗[①]

在北师大版教材一年级下册“认识图形”中，我们通过学过的立体图形得到了平面图形。当从正方体上通过画一画得到正方形时（见图3-32），我就想：“正方形能变成正方体吗?”没想到，这个问题引起了大家的兴趣。于是，我们决定探索一番!

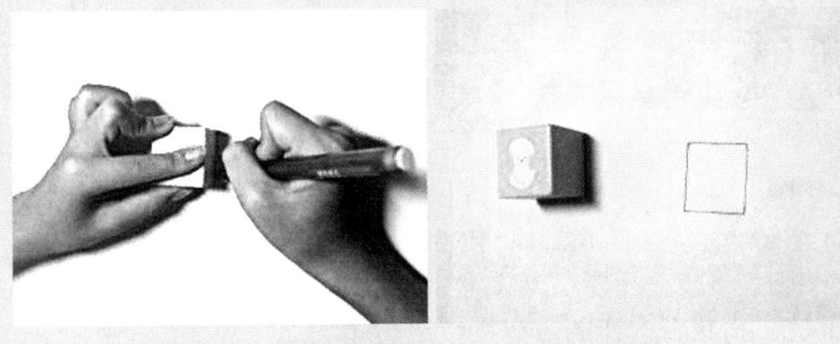

图3-32　学生从正方体中得到正方形

• 方法1：既然正方体的一个面是正方形，那如果把同样大小的正方形纸摞起来，是不是就能得到正方体了呢?（见图3-33）

① 案例来自“问题引领学生学习”公众号。问题提出者和案例作者：河南省郑州市金水区艺术小学学生张舒涵。问题研究者：郑州市金水区艺术小学学生张舒涵、张湘晗、高可佳；指导教师：靳晶晶。这里对文字做了压缩和部分修改。

拿来一张正方形纸

继续往上摞

当摞成正正方方的时候就成正方体了

图3-33 摞成正方体

• 方法2：你们玩过磁力片吗？在玩磁力片的时候，我将这样的正方形拼好后组装起来，就成了一个正方体。（见图3-34）

图3-34 用磁力片组成正方体

于是，我照着这样的方法用纸进行了尝试（见图3-35）：

画出四个一样的正方形

在从左边数第二个正方形上面画一个一样的正方形，下面再画一个

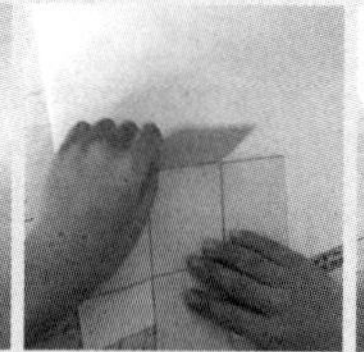

沿着线条外围剪下后，折一折

按照磁力片的样子折好了

图3-35 用纸制作正方体

其实，对这种样子还有很多种组合形式，把已经做好的正方体再

拆分开，就能拆成多种不一样的形式。

在解决完通过正方形能否得到正方体的问题后，我们又产生了新问题：既然正方形可以通过各种“变变变”变成正方体，那么，长方形和圆是不是也可以经过变化得到相应的图形呢？我们决定继续尝试，比如用圆怎么能得到圆柱。

可以像把正方形纸摞成正方体一样，用同样大小的圆形纸摞成圆柱。我们还发现了一种新方法：把长方形纸卷起来就是一个圆筒，在它的上下分别粘贴一个圆片，圆柱就做好了。（见图3-36）

图3-36　用纸制作圆柱

在看到学生们的精彩表现后，靳老师写下了自己的感受：

孩子们的问题是最好的老师，是他们学习的原动力，是开启空间观念的钥匙，是激发创造思维的源泉。孩子们发现，数学真的是一个色彩缤纷的万花筒，美丽而神奇。从自主提问到小组合作解决问题，虽遇到了困难，但是都一一解决了，大家互帮互助，为了一个共同的目标努力。在以后的学习过程中，我还要根据学习内容，设计孩子感兴趣的素材，鼓励学生发现和提出问题、分析和解决问题，让孩子们学习起来更有动力！

以上列举了问题提出活动的几种主要形式，我们还实践过在分享同伴想法中提问、根据要研究的内容提问、在自学的基础上提问等。比如，在前文我们列举了三位数乘两位数的案例，这就是一个在分享同伴想法中提问的例子。回顾这个案例，它的学习重点是发展学生的运算能力，具体表现为迁移已有计算经验，探索三位数乘两位数的计算方法，并理解算理。因此，将问题提出活动放在学生探索出多种计算方法后，通过观察同伴的不同方法而提出值得进一步研究的问题，为学生读懂不同方法、建立方法间的联系提供学习机会，进而为后续自主迁移奠定基础。

在设计这一类型的问题提出活动时，需要注意以下三个方面：第一，学生的不同想法应该比较丰富，有利于学生产生寻找这些方法相同之处和不同之处的需求；第二，对于这些方法的讨论将有利于突破学习重点；第三，鼓励学生利用大家提出的问题迁移所学方法，尝试解决更多的问题。

问题提出活动与其他指向高阶思维的学习任务一样，需要儿童花时间和精力去思考，需要他们付出努力去完成。因此，教师应给予儿童相应的时间，让他们深入地独立思考。提问前可以组织学生们讨论一下对提问情境和问题提出活动的理解，比如可以请1—2名学生用自己的话重新说明情境意思和活动要求。教师可以鼓励他们将自己的问题记录下来。对于年龄比较小的学生，也可以采取画一画的形式。

当然，问题提出的活动并不局限于这些，这些活动之间也存在着一些交叉。呈现这些类型的目的是希望大家体会到，教师可以为学生提供更多的发现和提出问题、分析和解决问题的机会。需要指出的是，为了更好地帮助学生提出问题，我们通过问卷调查和访谈，就学生发现和提出问题存在的困难进行梳理，并以此为基础确定了帮助学生学会提问的专项活动框架，设计专项活动，帮助学生逐渐提高提问力。有关这一部分的设计将在本丛书的《数学提问力：促进儿童提问的活动设计》中详细呈现，这里就不赘述了。

总之，我们期待着设计更为合理的问题提出活动，以鼓励学生更多的思维和情感投入，为促进学生的理解、发展学生的数学思维和创新人格提供更大的空间。

第四章

问题引领儿童深度学习

学习是与“问题”相伴的愉快旅程。教师如何利用学生的问题引发学生的深度学习呢？首先需要整理问题并规划学习路径，与此同时，学生也经历了理解他人的问题和精炼自己的问题的过程。在此基础上，设计解决问题的步骤并尝试解决，反思总结并拓展问题。为了促使学生深度学习的持续发生，单元备课是必不可少的。大概念下的单元备课能够有效利用学生问题，有机链接学生问题和教学关键问题，用结构的力量来促使学生理解与迁移。

第一节　利用问题促进深入思考的策略

在“问题引领学习”中，学生提出的问题会促进他们深入思考，并尝试解决问题。学生在解决问题的基础上，会不断产生新问题，这些问题又将成为新的思考的开始。在此过程中，教师的重要作用就是不断激发学生的深度学习和持续思考。

一、从深度学习看“问题引领学习”

（一）它们的核心特征是一致的

深度学习是发展学生核心素养的有效途径。马云鹏教授（2019）指出：“小学数学深度学习则是在教师引领下，学生围绕着具有挑战性的学习主题，全身心积极参与、体验成功、获得发展的有意义的数学学习过程。在这个过程中，学生开展以从具体到抽象、运算与推理、几何直观、数据分析和问题解决等为重点的思维活动，获得数学核心知识，把握数学的本质和思想方法，提高思维能力，发展核心素养，形成积极的情感、态度和正确的价值观，逐渐成为既具独立性、批判性、创造性又有合作精神的学习者。”“深度学习强调高层次的认知目标，强调高级思维能力的培养，强调学习过程中的反思与元认知，注重学习行为方面的高情感投入和高行为投入，由此成为落实立德树人根本任务、促进学生核心素养发展的重要路径。”（郑葳 等，2018）

从上面的阐述中不难看出，深度学习主要体现在学习过程和学习结果两方面。从学习过程来看，深度学习强调学习的主动性、学习过程中学生的思维和情感的高度投入；强调有意义的学习过程，同时要注重元认知与反思。从学习结果来看，学生通过深度学习不仅获得对核心知识的理解，更为重要的是获得了学科思想方法、问题解决能力、学习的兴趣态度和价值观、合作精神等，促进了核心素养的发展。

“问题引领学习”的核心特征与深度学习是完全一致的。从学习结果上看，正如第二章所述，“问题引领学习”通过鼓励儿童发问并运用他们的问题引领学习，促使学生理解所学知识和方法，并在此基础上学会数学思考和问题解决，发展创新人格，实际上这是为学生的全面发展提供了更多的学习机会。而从学习过程看，“问题引领学习”强调已有学习需要建立在学生自身的知识、经验和需求上，使学生具有发现和提出问题、建构和获取新知识的经验和动力，而学习的主动性、学习过程中的深度投入更是“问题引领学习”的重要特征。总之，“核心素养”“学习投入”“深度理解”和“解决复杂问题”“意义建构”等，既是深度学习的关键词，也是“问题引领学习”的核心特征。同时，“问题引领学习”倡导用问题引领儿童的深度学习，深度学习倡导学生经历知识的获得和应用迁移过程，而这也正是学生不断发现和提出问题、分析和解决问题的过程。

（二）“问题引领学习”更为凸显深度学习中“人”的意义

郭华教授指出“深度学习，首先‘深’在人的精神境界上，‘深’在人的心灵里”（刘月霞 等，2018）[36]，“如何引起学生的理智兴趣，使学习成为一件富有吸引力的事情，如何激发学生全身心地投入有思想、有感情、有创造力的活动，是人工智能做不到而教师不能被替代的部分”（刘月霞 等，2018）[37]。而“问题引领学习”由于鼓励学生发现并提出自己想要研究的问题，问题往往来自学生自己的好奇和需求，这就使得学习的主动性更为凸显，学习过程不仅仅是学生思维投入和同伴间思维碰撞的过程，更是情感投入和情感交融的过程。

这一点从参加“问题引领学习”后学生的感受中能明显地体会到。当我们询问学生是否喜欢这样的学习经历时，所有调研班级中的绝大多数学生会表示喜欢。继续询问学生“在发现和提出问题的活动中，你学习到的最重要的事情是什么”时，学生们纷纷表达了自己的丰富收获，包括用数学的眼光观察世界、发现和提出问题的意愿与能力、学习数学的快乐、和同伴的合作交流、探索的精神等。

同时，大量学生访谈的例子从不同角度鲜活地体现出学生的真实感受。我们对从质数表中发现和提出问题的两位学生进行了访谈，下面是其中的一个片段。①

师　你们为什么提出这么多问题？

生1　好奇。

生2　对未来的向往。

生1　就好像雪地里埋了一个箱子，我们先挖出了一个角去猜它的尺寸。然后挖出来的越来越多，不确定的因素也越来越多，就越来越想知道……

赖同学是一位已经升入初中的学生，当老师访谈他小学阶段印象最深的活动时，他指出了问题引领学习活动对他的影响。下面是交流的内容。②

师　你对小学数学课上印象最深刻的事或活动是什么？

生　那真的是我跟文子的那次“巡演”了，它可以说是我整个小学阶段都很特殊的回忆。（两名学生对圆锥的体积为什么是等底等高圆柱体积的$\frac{1}{3}$这个问题很感兴趣，合作研究了多日，最终将自己的研究过程和结果走班分享给同年级的同学——赖同学称之为“巡演”。）

师　为什么说是特殊的回忆呢？它对你在中学的学习有影响吗？

生　最重要的就是对我往后的学习起到了增加信心的作用。这个活动让我确定以后要学习数学方面的专业或者至少是理科专业，我现在还是这么想的。它让我感到学习数学有着无穷乐趣。

---

① 案例来自北京小学长阳分校的学生们。

② 案例来自中国人民大学附属实验小学的学生。

"问题引领学习"不仅激发了学生的学习动力，更让学生从中获得了多方面的发展。2011版课标在课程目标中明确规定"通过义务教育阶段的数学学习，学生能……增强发现和提出问题的能力、分析和解决问题的能力"，凸显了"发现和提出问题"的重要性。由"两能"（分析问题、解决问题的能力）到"四能"（发现问题、提出问题、分析问题和解决问题的能力）被看作数学课程改革的重大进展之一。《中国学生发展核心素养》研究成果中，提出了六大素养18个要点，在"科学精神"素养的"批判质疑"要点中提到了"具有问题意识"，而在"实践创新"素养的"问题解决"要点中则指出"善于发现和提出问题"，这些都体现了发现和提出问题的重要性。提出数学问题能促进学生更好地解决问题，是发展学生创造能力的重要途径，也是其终身学习和毕生发展的基础。（Cai et al.，2013）

（三）深度学习的策略为更好地实施"问题引领学习"提供了指导

深度学习提出了不少实践策略，这些为更好地实施"问题引领学习"提供了借鉴，我们要特别关注如下几个方面。

第一，重视学生的探究和思考。

教育部副部长郑富芝在接受采访中指出，要"倡导启发式、探究式、开放式教学，保护学生的好奇心，激发他们的求知欲和想象力"（余慧娟，2020）。"问题引领学习"无疑具有启发式、探究式、开放式的特点。探究式学习是围绕一定的问题展开的，而学生自己的问题更能激发学生的好奇心和探索愿望。

"问题引领学习"中，要特别关注学生在问题提出和问题解决过程中的思考。比如，应重视问题的形成过程，以及学生对问题的不断反思与调整；又如，鼓励学生由自己提出的问题得到进一步的假设和猜想，并进一步尝试验证。总之，独立思考、学会思考、持续思考都是需要特别关注的。

第二，支持学生的自主学习和合作学习。

"今天的学生渴望积极参与，渴望确定自己的学习路径，规划自己的学习旅程。"（詹青龙 等，2017）深度学习的最终目标之一是让学生成为独立的学习者，有效地为自己设计和管理学习过程。因此，当学生提出问题后，我们可以鼓励学生和同伴一起对这些问题进行分类、排序等，规划后面的学习旅程；并在此基础上进一步尝试解决问题。

第三，强调持续有效的反馈和支持。

在学生学习过程中，不断获取反馈和支持是必不可少的。问题提出的任务常常对学生具有挑战性，需要教师给予必要的学习支持。比如，设计符合学生已有基础的学习单，根据学习目标提出清晰明确的问题提出任务，鼓励学生独立思考后开展合作交流，鼓励提出问题的学生分享他们提问的角度，组织大家共同分享问题的结构，设计专项活动提升学生的提问力，等等。

在“问题引领学习”中，教师还要鼓励学生不断反思自己发现和提出问题、分析和解决问题的过程。反思的过程既是积极的自我认识过程，也是深入的情感体验和感悟过程，而学会学习也是深度学习的重要目标。深度学习要培养具有主体性的全面发展的人，这样的人首先是能够“学会学习”的人。学会学习，让学生成为自己和他人学习过程的元认知观察者，也是深度学习的基本目标。

第四，强调与真实世界的有机链接。

首先，在创设情境中，要注重设计鼓励学生提问的现实情境。许多数学老师可能有过这样的经历，二年级学习乘法口诀的时候，学生们往往兴致不高，因为不少学生已经会背口诀了，缺乏学习的需要。而一位老师则在教学中，带领学生们观察现实生活，聚焦在购物时物品的包装上。（见图4–1）[①]

2个一包，3个一包，4个一包……。不同的物品，每个包装的数量不同，学生们在认真观察后，提出了很多有意思的问题，这些问题基本上可以分为两类。一类是跟乘法相关的，比如：一盒×个，买了×盒，一共多少个？一排×个，有×排，一共多少个？一盒×元，买了×盒，一共多少元？其实，当学生把这些问题都解决了，也就学习了乘法口诀。另一类则是

① 案例来自北京教育科学研究院丰台实验小学。

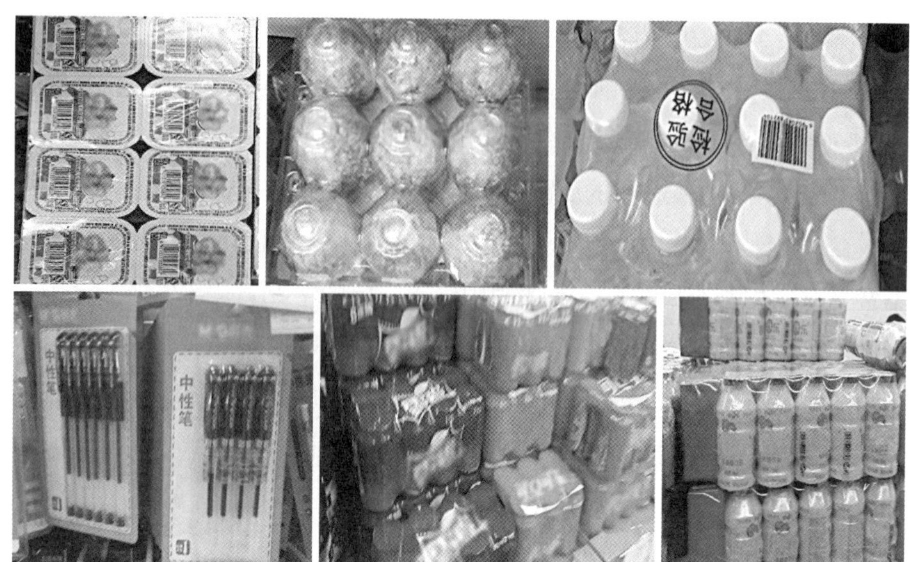

图4-1 购物中物品的多种包装

与乘法口诀无关的问题，比如：为什么会设计那么多包装？同样的笔，为什么有的笔要包成4个一包，有的笔就包成6个一包？为什么酸奶2个一行，但鸡蛋要摆成3个一行？是不是7个一包的会少一些呢？每盒口香糖中的数量一样吗？东西买走后，超市是否还会再有这种东西呢？

这些问题来源于他们的日常经验和好奇心。而正是因为有了开放的情境和丰富的素材，学生也就有了在生活中发现和提出问题的意愿，应用意识自然生长。

同时，更要善待学生的问题，学生的问题往往包含了他们对生活的好奇和探索，有时还需要进行跨学科的实践。我们要珍视这些问题，把它们作为发展学生应用意识和实践能力的良好契机。

第五，整体设计教学，实现单元备课。

核心素养的养成、深度学习的实现，都不是简简单单一节课就能完成的，而需要整体设计教学。我们提出了理解意义和促进迁移的单元备课模型，并将问题提出和问题解决共同作为单元学习任务的有机组成部分来加以考虑。有关具体内容将在下节论述。

二、整理问题并规划学习路径

（一）理解问题并精炼自己的问题

小学生由于语言表达不够清晰，或者不会使用数学语言完整表达问题，导致提出的问题有时会模糊不清晰，这时候读懂并精炼问题就变得很重要了。这一步是问题整理的开始。我们来看下面的一个课堂讨论片段。①

在六年级对“圆柱和圆锥”的学习中，教师鼓励学生想办法得到一个圆柱和一个圆锥，并记录自己的发现和问题。在学生们提交了问题后，教师将这些问题去重并发给每一位学生，请大家阅读并理解这些问题。第二天上课伊始，学生对一些问题提出了质疑。

生1　（生2的）这个问题我没有看懂。问题是：“为什么我做的圆锥从正面看是等腰三角形，而展开后却是直角三角形呢？”我能理解他做的圆锥从正面看是等腰三角形，但是展开后怎么是直角三角形呢？展开是什么意思？

生2　我来演示一下我的作品（将圆锥侧面展开）。

生3　展开后应该是一个扇形。这个角（圆心角）对着的是一个圆弧，不是直线，所以是扇形。

生2　我想错了，应该是直角扇形，或者说是$\frac{1}{4}$个圆。问题调整为：“为什么我做的圆锥从正面看是等腰三角形，而展开后却是$\frac{1}{4}$个圆呢？”

从上面的片段不难看出，这一过程不仅帮助其他学生理解了问题提出者的问题，同时提高了问题提出者表达问题的能力，而且帮助大家在交流中对要学习的内容有了进一步的认识，学习已经悄悄开始。

① 案例来自北京市海淀区实验小学刘晓老师和她的学生们。

（二）整理问题并规划解决问题的路径

当学生纷纷提出自己的问题后，如何开启之后的学习进程呢？我们不妨先听听学生的想法吧。①

生1　有些问题我们可以直接回答，有些问题需要好好研究一下。

生2　我们要先读懂大家的问题，有的问题我还不太清楚是什么意思。

生3　然后可以将这些问题进行分类，一类一类地研究。

生4　也可以在每一类中选择一些有代表性的问题。这个问题解决了，其他问题也就会了，可以作为课后练习来解决。

生5　我们也可以小组先读懂各自的问题，然后推选出问题，全班解决。

师　那我们从哪一类开始研究呢？

生5　可以排排序。

师　如果有的问题我们课堂上解决不了怎么办？

生6　可以放到问题角，再给我们一些时间解决。

学生们的一番讨论，实际上给出了我们对问题进行整理的基本流程。

第一，理解大家提出的问题，并精炼自己的问题。

第二，小组交流问题并尝试解决简单问题，然后推选出不能解决的，或者希望大家共同讨论的问题。

第三，建立问题之间的联系，对问题进行分类。必要时，从每一类问题中选择有代表性的问题进行解决。

第四，将不同类问题进行排序。排序的标准并不唯一，可以按照问题的逻辑线索、问题的难易程度、问题的重要程度、学生感兴趣的程度进行排序。

---

① 案例来自北京市海淀区实验小学刘晓老师和她的学生们。

第五，对于需要讨论的问题，鼓励全班学生解决并深入理解；对于个性化的问题或者不能在课堂中解决的问题，以问题角或小课题研究等方式，鼓励感兴趣的同学们继续研究。

下面我们以“小数的意义”的问题整理片段为例来阐述这一过程。[①]

在“小数的意义”学习中，教师鼓励学生首先完成如图4–2所示的数位顺序表。

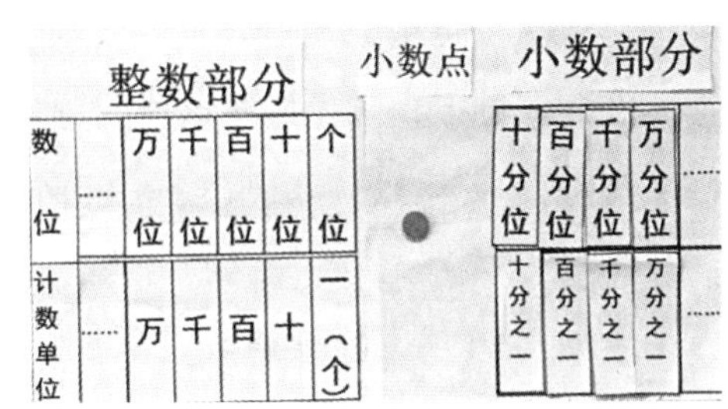

图4–2 学生完成的数位顺序表

为了更好地理解小数的数位，教师鼓励学生结合补充完整的数位顺序表，提出一个能引发大家思考的问题。经过独立思考和小组合作，各组推选了如下的10个问题。

问题1 这些小数数位之间有什么关系？

问题2 万应该比千大，为什么万分位没千分位大？

问题3 小数部分的数位是否与整数部分一样？

问题4 整数部分百大于十、千大于百……，但为什么数位在小数部分会越来越小？

问题5 小数部分和整数部分有没有最大或者最小？

问题6 整数部分和小数部分有什么相同之处？有什么不同之处？

问题7 小数部分有没有最大的数？

问题8 个位后面的十分位、百分位、千分位为什么要加一个“分”字呢？

问题9 为什么小数部分数位越多，数越小呢？

问题10 小数部分的数位之间有什么关系？

首先，学生们共同阅读这些问题，指出不太理解或表述不够准确的问

① 案例来自北京市海淀区万泉小学李聪璐老师和她的学生们。

题，请提出问题的同学解读后，大家共同对问题重新表述。比如，问题9的表述不够准确，小数部分的数位越多并不一定对应的数越小，比如0.888大于0.7。询问问题提出者的意思，发现实际上他想表达的是数位越靠右，所对应的计数单位越小，于是大家将问题调整为：为什么小数数位越向右，对应的计数单位越小呢？

在此基础上，学生们对这些问题进行了分类。

类别1　关于数位之间联系的，问题1、问题3、问题6、问题10。

类别2　关于数位大小的，问题2、问题4、问题5、问题7、问题9。

类别3　关于数位理解的，问题8。

通过讨论，学生们还意识到对这三个类别从哪个类别开始研究都可以，比如重点讨论了类别1，后面两个类别的问题就自然解决了。于是，大家共同推选了以问题6为重点讨论的问题来开启接下来的学习。

总之，对问题的整理是至关重要的，这样做不仅可以减少问题的数量，为下面解决问题奠定基础，还可以加深学生对问题的理解，激发学生的思考。

这里需要说明几个问题。第一，要根据学生的实际情况开展必要的指导。对于低年级的学生，或者刚刚实践问题提出活动的学生，他们可能会对问题的理解不到位，或对问题的把控能力不足，这就可以先由教师从小组推选的问题中选择问题供全班解决。比如，对“乘法口诀”的学习，教师从二年级学生提出的问题中挑选了一个问题供全班来研究，即“乘法口诀为什么就到9呢?”，鼓励学生尝试用乘法口诀计算更大数的乘法。学生发现，虽然数变大了，但是可以拆解成用乘法口诀加以计算的形式。（见图4–3）在这个活动中，儿童感受到了乘法口诀的价值，应用口诀解决了问题，更为后续学习复杂的乘法奠定了方法迁移的经验。

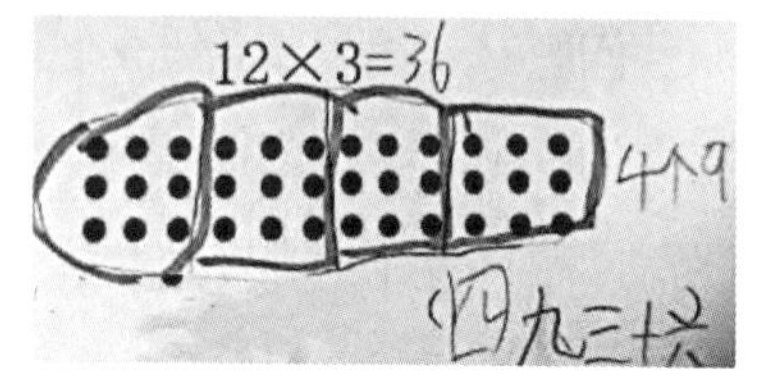

图4–3　学生通过转化为乘法口诀来解决更大数的乘法

随着学生对问题的理解能力不断提升，选择需要解决的问题的过程可以逐渐由教师放手给学生，更大程度地鼓励学生对自己的学习进行规划，比如上面学习小数意义的例子。对此，我们也可以有一个简单的约定。（见表4–1）当然，这里只是一个基本约定，教师可以根据学生和自己的实际情况进行调整。

表4–1 “整理问题”自主性的不同阶段

一、二年级（或刚开始进行“问题引领学习”时）	三、四年级（或有了一定经验时）	五、六年级（或积累了比较丰富的经验时）
教师根据学习需要挑选问题供全班讨论	教师指导学生进行问题的整理和学习规划的制订，并逐步过渡到学生自主完成	鼓励学生自己规划，需要的时候再进行指导或者鼓励学生反思调整

其次，学生会随着学习进程的开展产生新的问题，如果新的问题与学习内容直接相关并且学生可以解决，不妨适时整合到学习中；如果关系不大或者暂时超出了大多数学生的理解水平，可以鼓励感兴趣的学生开展研究。

再次，以上流程只是一个基本流程，实际教学中会产生变式。比如，有的老师会把学生独立提出的问题直接拿给全班来整理，请同学们读懂他人的问题，然后进行分类、排序等。有的老师还和学生们一起上“问题整理课”，这样不但可以更好地发挥每一个问题的作用，还能使学生学习更多提问的角度，提高自己的提问力。

最后，对问题的整理和解决往往不局限在一节课中。为了帮助学生不断明确学习路径，教师需要将问题及大家规划的路径放在醒目的位置，并时常提醒大家学习的进程。例如，不妨在每节课的最后明确哪些问题已经解决了，下一步是否需要调整学习进程。

总之，没有最好的方法，适合的才是“最好”的。同时，问题整理过程对学生来说具有一定的挑战性，教师在此过程中要给予持续的支持和反馈。以下是教师的一些有效支持和反馈行为：

- 确保学生明白问题整理的意义。
- 组织学生讨论交流的规则，比如如果大家的意见不一致怎么办。
- 请学生们互相询问，以明白每一个问题的意思。
- 向学生强调分类标准的重要性，并鼓励他们说出自己的分类标准。
- 要求学生说明分类、排序、推选问题的理由。
- 必要的时候提醒大家注意约定的规则。
- 整合大家的想法，帮助确认最后的学习路径。
- 适时明确学习进程，提醒是否需要对学习路径进行调整。

（三）有机链接儿童问题与教学关键问题

一些老师在“问题引领学习”实践中遇到过这样的现象，全班学生提出的问题有时候与教学关键问题不一致，甚至通过整理也没有出现教学关键问题，那么应该怎么办呢？

首先，教师要抱着积极和欣赏的态度，不忘初心。“问题引领学习”的重要目标不就是帮助学生学会思考、发展创新人格吗？发现和提出问题不仅是获取知识的途径，学会提问本身就是重要目标，而通过提问发展数学思考力和创新意识也是重要目标。此时，教师不妨善待、等待和期待，相信在学生讨论和解决问题中会自然产生教学关键问题。当然，如果觉得有必要，教师也可以作为学习共同体的一员将自己的问题贡献出来，并告诉学生自己为什么会提出这些问题，这也是展示教师好奇心和思维路径的一个好机会。

然后，教师不妨反思教学中是否有需要改进的地方。比如，是不是问题提出情境创设得不够合理，无法激发学生关注到所学内容的核心；或者给学生思考的时间不充分；等等。根据课堂观察，造成这个现象还有一个重要的原因，教师不熟悉儿童语言，因此不理解教学关键问题的儿童化表达，有时候学生已经提出了教学关键问题，但由于用了儿童语言进行表达，造成表面看起来两者不太一致，这时就需要教师读懂学生的问题，并有机链接学生问题和教学关键问题。我们不妨来看一个例子。

在“小数的初步认识”的学习中，教师为学生提供了如图4–4所示的情境图，并鼓励学生发现和提出问题。

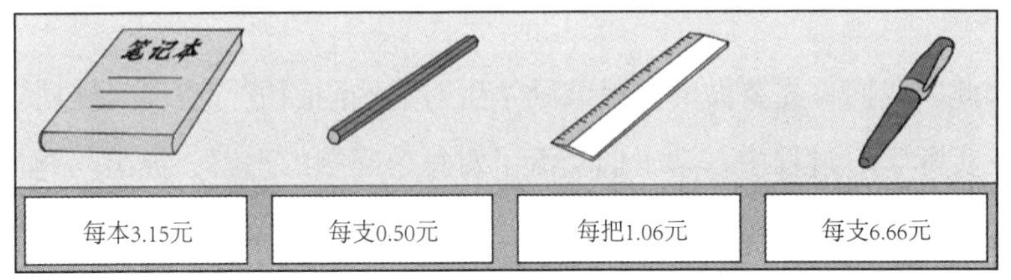

图4–4　情境图

经过小组推选，提出了如下11个问题。

问题1　以元为单位，怎么会出现角和分？
问题2　点在生活中哪里会用到？
问题3　小数点的后面怎么凑成1元？
问题4　1支钢笔和1把尺子一共多少元？
问题5　1支钢笔比1个笔记本贵多少元？
问题6　买3支钢笔，20元够吗？
问题7　四种物品各买1个，一共多少元？
问题8　4支铅笔多少元？
问题9　从大到小排序，它们中间差多少？
问题10　2把尺子和2支铅笔，一共多少元？
问题11　为什么不是两个点呢？

本节课的教学关键问题是：如何确定价钱是几元几角几分？怎么把几元几角几分化成以元为单位的数？但学生提的问题中似乎没有涉及这两个问题。不过阅读上面的问题，我们已经能够看到这两个问题的“影子”。比如问题11，学生的意思会不会是如果价钱是多少元、多少角、多少分，那么为什么元后面有一个点而角后面没有点呢？看来学生对用现在这种方式表示元、角、分还不熟悉，借助问题11就可以自然引发对教学关键问题的解决。又如对小数点的后面如何凑成1元这个问题，是不是需要先了解小数所表示的价钱是多少，才能进一步解决呢？当然，所有的前提都是了解学生的真实想法。

因此，我们首先要做的还是鼓励学生对这些问题进行整理，规划学习路径。在实际学习过程中，学生们交流了对每个问题的理解，提出问题11和问题3的学生也表达了和上面类似的想法。在此基础上，学生对这些问题进行了分类。

类别1 讨论小数所表示的价钱的实际意思，问题1、问题11。

类别2 借助价格进行小数的大小比较，问题9。

类别3 借助价格进行小数计算，问题3—问题8以及问题10。

类别4 其他，问题2。

在分类基础上，大家决定先解决类别1，然后再解决类别2和类别3，当然这不是一节课能够解决的，它们构成了整个单元的基本学习路径。对于类别4的问题2，大家决定先收集一些生活中的小数，然后在对三个类别问题处理结束后进行一次交流，大家共同来解读收集到的小数在实际背景下是什么意思。

在进行教学关键问题的儿童化表达时，为了有机链接学生问题和教学关键问题，我们可以尝试两个做法：第一，将学生问题进行转向，转向到教学关键问题。比如对问题1“以元为单位，怎么会出现角和分？”，不妨和学生这样交流：“我们都在价格里看到了元，还有角和分吗？请解读每个价格，看看是几元几角几分，然后再讨论怎么会出现角和分。”或者：“为什么不是两个点呢？只有一个点可以表示价格吗？请解读每个价格，看看是几元几角几分。”第二，直接鼓励探索学生问题，根据学生的回答，适时对每个价格进行解读。由此可见，深入地把握所教内容的核心本质，认真倾听并分析学生的问题，是教师有机链接教学关键问题和学生问题的根基所在。关于这部分内容还将在下一节中再次阐述。

另外，如果学生提出了非本学期的教学关键问题，可以鼓励学生放入问题角，将它作为个性化问题进行处理。也可以跨学期实践，让学生有初步的感悟，而这就需要教师有整体设计的意识。

对于放入问题角的问题，教师应鼓励感兴趣的学生开展研究。可以通过自选作业、综合实践活动、小课题研究、长作业等形式来鼓励学生尝试长时间的解决，并提供相应的交流机会。

三、注重问题形成的过程

（一）问题形成的过程

学生发现和提出问题是一系列认知和情感参与的活动，而非简单地、结果性地提出问题，因此常被称为“问题形成”过程。这一过程可以分为四个阶段：

第一，理解问题情境。学生要观察、识别、选择情境中的信息，并初步建立这些信息之间的联系。

第二，发现问题。由情境中的信息产生联想，发现隐含的矛盾或冲突，或者由信息之间、信息与提问者之间的隐形联系引发好奇，由此产生问题。

第三，提出问题。进一步理解自己疑问的实质，组织语言，尤其是数学语言，表达发现的问题中的要素及要素之间的关系。

第四，对提出问题的再思考。这主要包括两个方面：第一个方面是对问题的选择和精炼过程，提问者可能会对问题是否满意、是否可以解决进行评估，更为重要的是对问题进行精炼，这在上文已经提及，此处不再赘述；第二个方面是对问题产生进一步的思考，由此提出可能的猜想和假设。

在整个问题形成的过程中，提问者的发散性思维、聚合性思维、元认知以及情感动力，共同发挥作用。当然，以上四个阶段有时候会交织在一起，每一个问题的产生也不一定会完整经历这四个阶段。但这提醒我们要重视问题形成过程，不要简单地把问题提出等同于学生给出一个问题，从而不重视情境创设，不给学生充分理解和体验情境的时间，不鼓励学生展开思考，这样久而久之，学生的提问可能会退化为脱口而出或者程式化提问，从而失去了开展问题提出活动的价值。

（二）鼓励学生提出进一步的猜想和假设

这里想加以强调的是，教师要适时鼓励学生进一步提出自己的猜想和假设，这既是学生的深入思考，也有助于学生发展数学思考的能力和习惯。史宁中教授（2016）在《数学基本思想18讲》的序言中指出："一个人会想问题，不是学习的结果，而是经验的积累，是学生在独立思考的过程中逐渐形成的思维习惯。因此在基础教育阶段，一个好的数学教育，应当更多地倾向于培养学生数学思维的习惯……：会在错综复杂的事物中把握本质，进而抽象能力强；会在杂乱无章的事物中理清头绪，进而推理能力强；会在千头万绪的事物中发现规律，进而建模能力强。这些，恰恰是数学基本思想的核心。"

在第二章中，我们阐述了学生在探索数学、应用数学中的基本思维过程。在探索数学中，学生通过情境联想提出了问题，还需要不断思考下去，通过归纳和类比等得到猜想。比如在第二章提到的密铺的例子中，学生首先提出了"什么样的图形可以密铺"，然后通过操作具体实例，归纳得到了初步的猜想"直边形都可以密铺"，并在此基础上，通过再操作其他实例对猜想进行修正。

实际上，儿童天生具有好奇心，会因好奇、情境联想、发散思维引发各种各样的疑问，常常表现为"是什么?"、"为什么?"和"怎么办?"。比如，对于圆柱的学习，学生就提出了"如何求圆柱的体积?"的疑问。但仅仅停留在由原始好奇引发的疑问是不够的，教师要鼓励学生进一步思考如何去尝试解决，必要时边实践边思考。此时，疑问会得到进一步的聚焦而变得清晰，形成一个研究问题。比如："圆柱可以看成是由无数个相同的圆堆积成的，这个发现怎么能帮助求出它的体积?"当学生继续思考下去，可以通过类比得到猜想："长方体和圆柱都可以看成由相同的图形堆积成的，长方体的体积是底面积×高，那么圆柱的体积会不会也是底面积×高?"于是，学生就经历了一个"产生疑问—形成问题—提出猜想"的发现和提出问题的过程。（见图4–5）

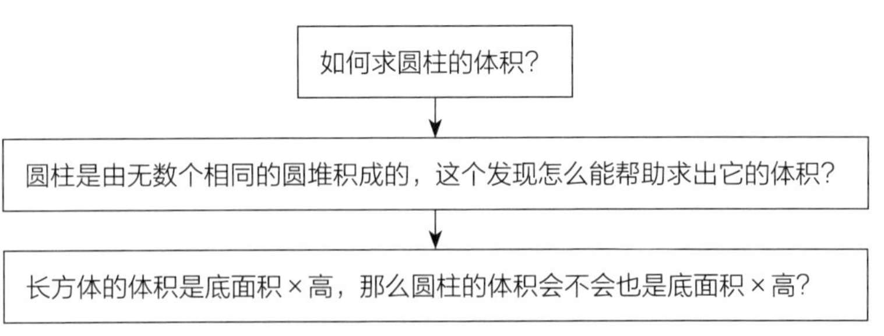

图4-5　学生经历的发现和提出问题的过程

当然，有时候这个过程的三个阶段或某两个阶段会融合在一起，甚至提问者自己都没有意识到。

我们再来看应用数学。例如，当学生看到一个球自由落下后会反弹，于是提出“球会反弹多高?”及“为什么球会反弹?”等疑问。教师鼓励学生进一步思考和实践，此时疑问便成了一个研究问题。比如，当学生沿着“球会反弹多高?”进一步思考下去，发现要解决这一问题还需要考虑影响球反弹高度的因素，比如起始高度、球的种类、地面的硬度等，于是通过控制某些因素，学生提出问题：“篮球从1米高的高度自由落到教室的水泥地面上，第一次篮球会反弹多少米?”当学生试做几次时，他发现反弹高度都大约是起始高度的三分之二，于是提出猜想“第一次反弹高度大约是起始高度的三分之二”。于是，学生也经历了一个“产生疑问—形成问题—提出假设”的过程。当然，我们还可以鼓励学生进一步寻找影响反弹高度的因素，感兴趣的学生还可以尝试在因素中找到主要因素或者各因素的权重，从而体现数学模型的思想。

这里需要说明的是，提出“疑问、问题、猜想（假设）”的说法，目的并不是让教师对学生提出的问题一一区分，所有学生由于好奇提出的疑问都是需要保护的，而这些往往是深入思考的基础；而是建议教师不能仅仅停留在学生原始的“疑问”上，需要针对某些疑问鼓励学生深入探索和发现下去。教师的重要任务就是鼓励并引导学生不断进行推理和问题解决，促进他们不断地分享对数学的思考和发现。“我们不能不思考这样的问题，无论是大学的数学教育，还是中小学的数学教育，是不是都应当创造出一些问

题的情境，让学生自己发现一些对他们而言是新的数学结论呢？”（史宁中，2016）[6]

杜威（2005）[40–41]也将好奇心分为三个等级：第一个等级，与思维无关，是一种生命力的过剩，一种有机体能力丰富的表现。第二个等级，在社会刺激的影响下，好奇心发展到较高的等级。当儿童学会了向别人求助以弥补其经验不足的时候，如果事物不能使其产生有兴趣的反应，他就可以要求别人提供有兴趣的材料。他们不是为了寻求定理和原则，仅是为了掌握更多的事实。第三个等级，好奇心超越了有机体和社会的水平，升华为理智行为。好奇心转变成儿童要亲自寻求在与人和事接触中产生的种种问题的答案的兴趣。因此，我们不仅要尊重、保护学生的好奇心，还要适时引导其进入理智的水平。杜威指出：如果不引导好奇心进入理智的水平，那么好奇心便会退化或消散。因此，要引导儿童去积极地思考问题和解决问题，在这个过程中促进儿童持续发现和思考，让儿童感受到提出问题的价值和解决问题的乐趣。正如一位学生在分享他是如何提出好问题时所提到的：“我就一直想下去，就想到好问题了。”

四、设计如何解决问题并尝试解决

（一）设计如何解决问题

当我们将问题整理、形成学习路径后，就进入解决问题的阶段。在鼓励学生解决具体问题之前，教师还需要带领学生一起设计如何解决这些问题。首先是整体设计这些问题的解决途径和方法，这需要教师在了解学习重点的基础上进行整体把握，也可以和学生协商决定。比如，在四年级认识更大的数的单元中，关于数位学习，教师鼓励学生提出问题。具体如下：

学生在计数器上拨出一，再一个一个地拨，得到十，十个十个往下拨，得到一百，想象着继续拨下去，一万一万地拨十个就是十万。那么如果十万十万地继续往下拨，又会产生什么新的数位呢？用这样的方法，我们能不能得到更多的数位呢？请自己拨一拨，并填写下表。（见表4–2）

表4-2　拨数填数位表

…						百万位	十万位	万位	千位	百位	十位	个位
…						1000000	100000	10000	1000	100	10	1

在此基础上，为了更好地理解数位，请学生们结合刚才拨计数器的过程以及表4-2，提出数学问题来共同思考。在独立思考的基础上，小组先交流各自提出的问题，然后小组成员尝试一起解决，最后推选出对大家理解数位最重要的一个问题。

学生们推选上来的问题被分为了如下三类。

第一，相邻计数单位之间关系的问题，如：百万位和千万位有什么关系？为什么相邻的位数都差1个“0”？要满几进一？（这些问题体现出学生已经开始关注本节课数位之间的联系这一关键。）

第二，不相邻计数单位之间关系的问题，如：1百亿是1亿的多少倍？1千万是10万的几倍？1千亿是1百万的几倍？100000000000是10的多少倍？1千亿里有几个1亿？（这些问题可以利用第一类问题的答案进行进一步的推理。）

第三，学生感兴趣的其他问题，如：比千亿数还大的数是什么数？为什么千万位后面是亿位？[这些问题体现出了学生的好奇心，比如学生对数位名称产生好奇，为什么有了万位、十万位、百万位、千万位以后要产生新的“名称”（亿），这也为后面要学习的“四位一级”奠定了基础。]

在以往的教学中，当数位顺序表补充完整后，教师会提出类似“相邻数位之间有什么关系”的问题来引发学生们思考，虽然这有助于学生理解数位之间的关系，但此时学生的思考相对比较被动，他们没有机会去思考数位学习的重点是什么，也可能无法体会、思考掌握数位之间关系的必要性是什么。而教师鼓励学生在观察、操作的基础上提出问题，就促使学生在分析数位的基础上，回想以前的学习经验，思考可以从哪些方面来理解数位，以及学习数位的重点是什么。在独立思考基础上的小组推选、全班交流，既使大家分享了问题，也使学生的思考更为全面、深入。

围绕着学生们提出的这些问题，大家通过讨论得到了如下解决问题的途径。

首先，围绕着学习重点，全班共同解决“相邻数位之间关系”的问题。可以从一个小组提出的“百万位和千万位有什么关系?”开始讨论，接着讨论千万位和亿位、亿位和十亿位等相邻计数单位之间的关系，在此基础上概括出相邻计数单位之间的关系：满十进1，退1当十。

不相邻计数单位之间的关系是另一个教学关键点，解决起来也有一定困难。于是，接下来共同解决这一类问题，可以选择另一个小组提出的问题“1千亿里有几个1亿?”进行讨论。学生可以利用手里的学习单写一写、画一画，解决这个问题。围绕着两个小组提出的问题的解决与讨论，可以更好地理解数位之间的十进关系。

第三类问题可以暂时放入问题角。其中，“比千亿数还大的数是什么数?”供感兴趣的学生尝试解决，而“为什么千万位后面是亿位?”则被放入下一节课的学习，由此引入“四位一级”。

设计如何解决问题还包括针对具体的、富有挑战性的问题设计解决问题的计划，这里就不赘述了。

（二）关注需要被“解决”的问题

《关于PBL教学方式，你想知道的都在这里》一文区分了两类问题（question和problem）。（周贤，2017）

question　是需要被“回答”的问题，偏向于关于普遍性知识点的疑问，是可以通过别人告知或者自己搜索后直接回答的。答案基本上是标准的信息，有可能在表达形式上有所不同。

problem　是需要被“解决”的问题，偏向于认识上的分歧、需要解决的情境，需要学习者进行分析、组合、实践后，才能给出“自己的”答案。

我们这里主要讨论的是需要被解决的问题，特别是需要全班学生共同解决的问题。对于这些问题，教师不能将其等同于需要被“回答”的问题，即或者直接告知，或者用简单讨论的方式由知道答案的学生告诉大家，这样的形式不利于学生进行深度思考。关于问题的解决，教师仍然要鼓励学生经过“独立思考—小组合作—全班交流”的过程，鼓励学生在深度思考、深度对话中实现深度理解，从而在解决问题中形成能力，发展素养。

杜威（2005）[46]曾经这样鼓励深度思考：“许多儿童由于缓慢，由于不能迅速作出回答而受到指责，其实，他们那时正花费时间积聚力量以便有效地处理他们面临的问题。在这种场合下，若不提供给他时间和闲暇，从而不能作出真正的判断，那就是鼓励迅速的但却是仓促的浅薄的习惯。”

同时，教师对于问题的解决也需要精心设计，无论此问题是儿童提出的还是教师提出的，都离不开对所教内容和学生的认真研究。比如，在前面提到的小数的初步认识的学习中，在大家将需要解决的问题聚焦在“如何把小数表示的价格转化为多少元、多少角和多少分”时，对于要讨论的具体素材需要精心设计。通过学生调研，我们发现学生可能产生下面几种迷思：

- 3.15元是3元15角；反过来，3元15角是3.15元。
- 4元4分写成4.40元。
- 4角2分写成4.2元或4.02元。

这些应该作为学习素材供全班讨论。除了设计学习素材，教师还需设计必要的学习支持。在这个案例中，教师可以提供给学生具体的人民币模型，鼓励他们摆一摆、圈一圈，在和同伴讨论中澄清迷思，解决问题。

（三）运用多种方式回应个性化问题

在实施“问题引领学习”的过程中，教师面临的一个挑战是如何看待并回应学生提出的问题，特别是暂时看上去与所学内容关系不大的个性化问题。此时，我们需要回到思考的原点：鼓励学生发现和提出问题的价值到底是什么？由于发现和提出问题的丰富价值，学生所有的问题都需要得到适当“回应”。

斯腾伯格（Sternberg）在《思维教学：培养聪明的学习者》一书中指出：

父母和教师针对儿童的问题，可以做出不同的反应。这些反应可以划分为七个水平，级别越高，表示中介的程度越强，儿童也就越有可能发展其高级思维技巧。（斯滕伯格 等，2001）书中提到的七个水平由低到高分别是：

回绝问题。

仅仅重复问题。

承认自己无知或简单呈现信息。

鼓励发问者寻找资料。

提供可能的解答供儿童选择。

鼓励儿童对可能的答案进行评估。

鼓励儿童评估答案，最后一一验证。

根据实践，我们将这七个水平整合为如下的三个层次。

低水平回应　教师忽略问题；教师只是简单处理，类似只是提及“我们课下再讨论”，然后再无回应。

中水平回应　教师表扬提问者，但承认自己不知道答案，或者直接告诉学生答案；鼓励学生直接查找资料得到答案；告诉几种可能的答案供学生选择。

高水平回应　鼓励学生尝试解决，必要时组成研究小组；与学生一起研究，定期鼓励学生评估研究进程和结果，并提供必要帮助。

我们期待着教师在回应学生问题的时候能达到中、高水平，避免低水平回应。对于个性化的问题，我们可以采取放入问题角、鼓励小课题研究、长作业、放入问题银行供以后研究等方式。前文已对此多次提及，这里就不赘述了。

五、反思、总结、拓展问题

“问题引领学习”的重要一环是反思总结。实际上，学习的重要方面是对自己的学习进行反思。反思总结可以涉及的方面有：对于重要的概念、方法和规律，要进一步明晰其含义及形成过程，进行必要的变式；建立概念、方法之间的联系；就学生发现和提出问题的角度、分析和解决问题的策略进行反思，以帮助学生积累经验。反思还可以贯穿在“问题引领学习”的全过程。

下面重点谈谈对发现和提出问题的反思，包括教师和学生共同反思发现和提出问题的全过程，以及提出的问题。比如，有的老师和学生共同讨论了什么样的问题是好问题，以及是什么让这些问题成为好问题的。这里提出好问题不是对学生问题的简单评价——我们不提倡对学生的问题进行好坏之分，而是通过讨论来进行反思，帮助学生积累发现和提出问题的经验。下面是实验学校的学生们提到的好问题的一些特征：

- 是我们想知道的问题；
- 需要用心思考；
- 不能马上知道答案；
- 解决起来有挑战性；
- 可能不止一个答案；
- 解决起来很兴奋；
- 能引发我们的好奇；
- 用数学语言能表达清楚；
- 能发现事物背后的原因；
- 可以帮助我们预测接下来的事情；
- 实际问题需要符合实际。

我们还可以用问题分享会的形式来促进反思。在下面的案例中，六年级的刘老师在比、百分数、“数学好玩”等内容中开展了“问题引领学习”，然后和学生们召开了问题分享会，图4–6呈现了问题分享会的基本流程。①

① 案例来自北京市海淀区实验小学刘晓老师和她的学生们。

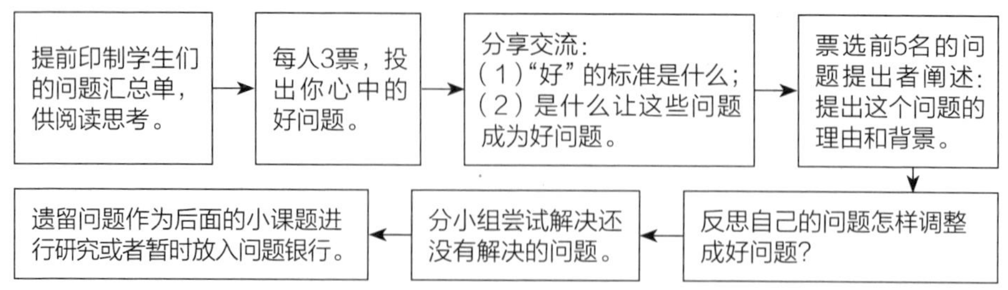

图4-6　问题分享会的基本流程

问题分享会中有几次重要的讨论，促使学生不断积累如何把问题提清楚、提得有价值的经验，以下选取其中两次讨论与读者分享。需要指出的是，这里的讨论不是简单地对学生的问题做出“好坏”评价，而是借此活动促使学生进行反思，积累提出问题的经验。

讨论1　你心中“好”问题的标准是什么？

学生们首先选出了点赞得票最高的几个问题，然后在此基础上开展讨论。

师　首先，我们关注选出的问题的共同点，是什么让它们成为好问题而被大家挑选了出来？

生1　首先我们都经历了这些事情，我们都很认同，而且它们又都贴近生活，跟学科也不是一点关系都没有，所以就更加认可这些问题了。

师　再解释一下“跟学科也不是一点关系都没有”这句话。

生1　就是说和学校学的内容有关系，这让问题更加有意义。

师　**来自生活，结合学科知识，**这是你总结的两条标准。还有一点说得特别好，就是我们都经历了这些事，有了共同的体验，所以每个问题虽然只有十几个字，但大家都能理解他想表达什么。还有补充吗？

生2　我想除了共同体验之外，把问题表达清楚也是好问题的标准之一。我看到有三个都是水冻冰实验中的问题，其实这三个问题的提出者想的事都是一样的，但只有一个被选出来了。也就是说在提问的时候，**表达更清晰**，让大家都能看明白，就是公认的好问题。

生3　有的问题不但来自生活，还**结合了**数学、科学、美术等**多个学科**，所以它成为一个好问题。

师　是这样，可能一个好问题里面涉及的内容综合，对我们来说更有思考的价值、更**有挑战性**，我们可以从多个学科的角度来研究它。

生4　我觉得如果这些问题研究出来得到的结论是**可以服务于生活**的，价值就更直观一些，所以是好问题。

生5　我认为她说的可以概括为，好问题应该要**有意义**还**有意思**，问题研究出来的答案跟我们要有关系，没有意思很枯燥的话，研究时就很无聊，不会再继续下去了。

师　两个非常好的词："有意义""有意思"，非常好的描述。

生6　好问题我觉得不仅要有研究价值，还得在我们的研究**能力范围内**，不然研究半天研究不出东西来。

生7　但我不同意你的想法，如果在能力范围之外的我们不去研究，那我们的能力怎么得到提高呢？

学生们就生7提出的问题又展开了讨论，略。

讨论2　如何能更好地提出问题？

师　我们现在对好问题的标准比原来丰富多了，而且又有了新的思考，对比刚开始提问题时的手足无措，经过这一个多月的时间，你感觉自己有什么变化吗？下次再提问题时，你打算如何去思考？

生1　提问题的时候，需要**思维更加开阔**，需要**实践**，让我们体会到这些**问题的魅力**，这才能有动力去研究它。而不是自己提出来之后，自己都觉得不喜欢。

生2　这些问题是我们**实验过后**提出来的，不是看着别人实验、从书本上得来的知识，而是只有经过实验才能得到一些深入的想法。还有大家在一起研究，会互相促进提出问题的能力。大家都把自己提出的问题展示出来，学习了他人的角度，也促进了自己的思维。

生3　我觉得提出和解决问题的过程都是**推理**，推理的过程是最宝贵的，推理和刚才他说的实验能帮我们提出好的问题。还有我觉得我们的**好奇心**很重要，没有好奇心永远提不出好问题。

学生在问题分享会中通过一次次比较、一次次概括不同情境的好问题的共性，得到了若干关键词（见上文两次讨论中加黑文字），这些关键词和问题提出的经验会促进学生提问力的不断提升。

在反思总结的基础上，还可以拓展问题，使学生的思维不断延伸，引发“问题引领学习”的新循环。比如，在前面提到的圆柱体积的案例中，学生有了关于圆柱体积公式的猜想后，大家共同验证了这一猜想。在此基础上，学生又对问题进行了拓展，提出了新问题：“是不是上下一样粗的立体图形的体积都是底面积×高？如果上下不一样粗呢？”

总之，学习从学生发现问题开始，对这些问题进行精炼、整理，构成学习路径；在此基础上分析问题、解决问题，不断激发思考，将学习继续引向深入；而反思拓展使得思考得以延伸，同时有助于积累学习经验，让学生学会学习。

第二节　走进大概念统领下的单元教学①

如前所述，深度学习要求进行单元教学，同时单元教学也是发展学生核心素养的重要举措。“……把孤立零散的课时碎片联结成系统组织的课程单元，作为课程开发与实施的基本单位，为核心素养的培育提供时间上的保障，使教师在教书育人上做出‘战略安排’成为可能。”（李煜晖 等，2018）

尽管越来越多的教师意识到了单元教学的重要性，“数学单元教学”“整体设计”“大单元教学”等已经成为数学教学实践中的热点话题，但在实践中却存在着较大困境，单元教学往往变成课时教学的简单累加，或者盲目把教材单元进行重整，失去了单元“结构”的力量；缺乏深层次的思考，特别是单元架构与发展学生数学素养之间存在着比较严重的脱节现象，有“单元之形”而缺乏“素养之魂”。现实困境需要为单元教学找到“统领者”，发挥单元结构的真正力量。那么，如何找到这个“统领者”呢？不妨从数学素养的表现入手来展开思考。

一、从惰性知识到能迁移的知识

先来看一个五年级数学测试的例子。五年级学生学习了长方体的体积以及计算长方体体积的公式：长×宽×高或底面积×高。在学期末测试中有这样一道题目，第一问是回忆长×宽×高的公式，学生的作答还是不错的。第二问是：

长方体的体积还可以用底面积乘高来计算。根据底面积乘高，

① 本节部分内容已发表，参见：张丹，于国文．“观念统领”的单元教学：促进学生的理解与迁移[J]．课程·教材·教法，2020，40（5）：112–118.

王强同学认为："圆柱的体积也是底面积乘高。"[①]你同意吗？请说明理由。

本题的目的是鼓励学生在学习长方体的基础上进行迁移，通过类比推理对圆柱的体积公式进行合理猜测。下面是学生的一些典型作答。

生1　不同意，因为圆柱还没有学习呢。

生2　不同意，因为圆柱没有长、宽，没有底面积。

生3　不同意，因为圆柱的底面是圆形的，但是长方体的底面是长方形的。

生4　同意，因为圆柱和长方体一样，圆柱相当于把圆形向上拉起形成的，所以圆柱的体积是底面积乘高。

生5　同意，因为知道了一层是多少，再知道有这样的几层就是体积，圆柱每层都是一样的。

在上面的作答中，生2到生5都利用长方体与圆柱的异同进行了思考，但生1的回答却引发了我们的沉思。学生学习长方体体积的目标仅仅是获得知识本身吗？如果他们失去了进一步探索新图形的愿望和能力，又如何能够在新情境下发现和解决问题呢？我们再来看生2和生3的作答，由于学生对底面积的意义理解不够深入，只是把底面积看成长×宽的计算结果，因此当看不到长、宽的时候，不能把握面积的意义以及长方体与圆柱两者的相同之处，没有找到知识之间的本质联系，从而做出了不正确的判断。因此，在这道题中，长方体的体积在生1、生2、生3这里就成了"惰性知识"，即学生能够记忆此知识，却不一定能抓住知识之间的本质联系去迁移解决新问题。

而生4和生5的作答，无疑是对概念和公式的较为深入的理解，并实现了有效迁移，这也体现出学生具有一定的空间观念、推理能力等数学素养。为了适应未来社会的不确定性和挑战性，学生需要能够解决新情境下的复杂问

① 实际测试中，根据五年级学生的特点，配上了圆柱图来帮助学生思考。

题，“那些能创造新产品、解决问题和从事复杂任务的人，才有可能避免失业和遭受由此带来的社会后果”（哈伦，2016）。素养是一个人表现出来的思维品质和做事风格，往往体现在新情境下发现和解决复杂问题的意愿与能力上，而这需要学生理解所学内容的意义，并促进所理解的意义在新情境下实现迁移，即实现“意义理解与自主迁移”。

进一步分析，学生到底需要迁移什么呢？还是以这个问题为例，长方体知识本身是不能直接迁移的，因为圆柱中没有“长和宽”。但是，知识形成过程中所蕴含的思想方法、思维方式却是可以迁移的，即知识背后所蕴含的思想方法、思维方式等建构起了知识的实质联系，能有效地组织起具体知识与方法。图4–7就体现了这一过程。

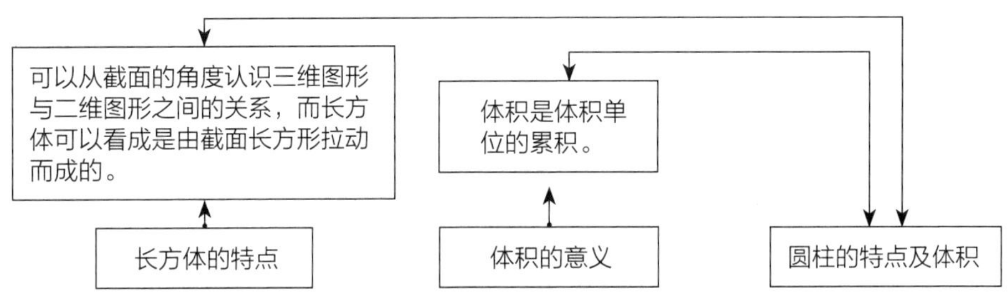

图4–7　长方体及其体积学习对圆柱学习的迁移作用

根据图4–7所示，学生通过对长方体特点的学习，建立起了这样的认识：“可以从截面的角度认识三维图形与二维图形之间的关系，而长方体可以看成是由截面长方形拉动而成的。”通过对体积的学习，建立起这样的认识——“体积是体积单位的累积”，而这些可以迁移到圆柱的特点及体积的学习中。

进一步，对在数学中居于核心地位的内容本质、思想方法、思维方式等进行概括提炼，就形成了大概念（big idea或big concept，或称为大观念、核心概念）。这里使用大概念这一表述，是参照了《普通高中数学课程标准（2017年版2020年修订）》前言中的叙述：“进一步精选了学科内容，重视以学科大概念为核心，使课程内容结构化，以主题为引领，使课程内容情境化，促进学科核心素养的落实。”大概念由于具有超越具体知识的迁移价值，能够有机联结知识，体现出广泛的统摄力。“单元整体教学的难点在于如何将素养落实到单元中，以何作为统合单元整体教学的具体目标，于是，理论界和实践界都不期而同地将目光聚焦到‘大概念’这一主题之上。”（刘徽，2020）

二、大概念是内容、过程和价值的融合

学界对大概念的界定有多种表述，在此不赘述。但是各种表述均体现了大概念所具备的“指向学科本质”“彰显学科价值”“概括学科结构”“提供思维模型”“能够广泛迁移”的特征。

（一）数学大概念

我们认为数学大概念应该是内容、过程和价值的融合。（见图4–8）

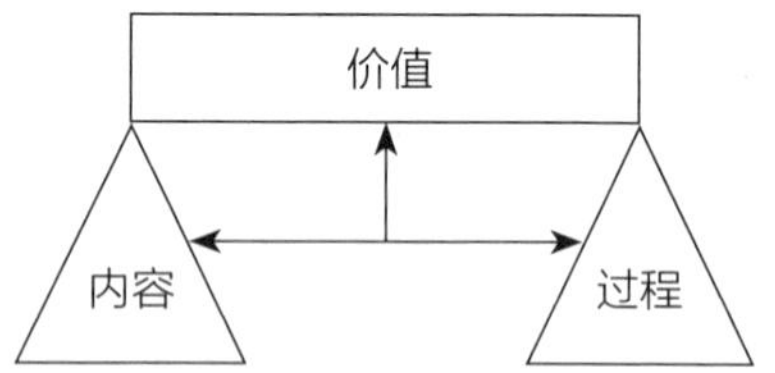

图4–8　大概念的内容、过程、价值体系

数学大概念既包含对核心内容本质的理解，也包括在知识形成和应用过程中所体现出来的思想方法和思维方式。“学科本质上是理解世界的独特思维方式。不同学科相区别的核心是其思维方式的不同。但不同学科之间又存在内在联系，它们相互影响、动态互动、交叉融合，共同指向对世界的丰富而多元的理解。”（张华，2019）而建立在内容及过程基石之上的则是对学科教育价值的叩问。数学大概念实际上是关于核心内容的本质、数学思想方法、思维方式等教育价值的概括性、陈述性的认识及表达。

当然，大概念到底有多“大”，学界的认识并不统一，在这里也无意去做严格区分。正如孙晓天教授指出的：“大概念的‘大’是相对的，任何高于具体内容目标，并能引领具体内容逐步发展为核心素养的概念，都可以称为大概念，任何有助于把核心素养置于数学教学首位的概念，其教育意义都值得充分关注。因此，大概念的‘大’既是指它的外延，更是指它对核心素养的支撑作用。”

我们以数学课程标准几大内容领域为出发点，以学生应具备的核心素养（数感、符号意识等）为引导，结合具体内容阐述大概念的具体体现。比如，对于图形的认识和测量，它们是对空间图形和平面图形等的刻画，包括刻画图形的特征、图形的大小等。这些将促使学生能够从多种角度来认识和理解图形，并发展空间观念和推理能力，这体现了这部分内容独特的教育价值。由此，我们总结出大概念在图形的认识和测量中的具体体现。

第1条　图形与几何的研究对象是从现实空间中抽象出的平面和立体图形，需要认识图形的要素，研究要素之间、图形与图形之间的关系。

第2条　分类、分析和表示是认识图形的三个主要工具。

第3条　图形测量是对图形大小的刻画，测量的基本方法是统一单位的不断累积；将多个度量单位组合在一起产生了工具，使得测量更加方便。

第4条　测量方法和测量单位的选取源于实际生活的需要，以及对测量结果精确程度的需求。

第5条　寻找图形要素之间的关系、图形之间的转化、二维与三维的类比等，可以帮助人们获得常见图形的公式，这提供了运用推理产生图形面积、体积等公式的角度。

第6条　以上过程发展了空间观念、推理能力和度量意识，并且提供了解决问题的知识、思维方法和图形直观。

其中，前5条阐述了这一板块的核心内容及研究的思想方法，内容大概念和过程大概念往往是交织在一起的。第6条则是在此基础上提炼出的这部分学习对于学生发展的重要教育价值。

（二）大概念的建立及不断理解

《人是如何学习的：大脑、心理、经验及学校（扩展版）》一书中提到，专家思维是以大概念来组织的，并同时指出专家的知识常常镶嵌在应用的情境之中。大概念虽然表现为相对抽象的认识和表达，但它需要具体的案例支撑。大概念的建立经历了“从具体情境中抽象概括”以及“迁移应用到新的具体情境中”的循环过程，而每一次循环都加深了对大概念的理解。因此，大概念不是直接教给学生的，而是在学生经验的基础上，从具体的一个或多个情境开始形成一些认识，再将这些认识迁移应用到新情境中。如果这些认识能扩展到解释更广范围的现象，那么就发展为较大的概念；如果不能，则可能要修改原来的认识或者去寻找新的不同的认识。大概念就是在这个不断循环的过程中建立并不断被学生理解的。因此，“支持发展大概念的教学法，必须也能促进探究能力的发展”（哈伦，2011），也必然是单元整体设计的。

教师可以运用课程标准分析、价值追问、知识联系提炼等方式尝试得到大概念。2011版课标中规定了若干核心词，并且阐述了各内容领域的基本要求，这些核心词实际上反映了所学内容的本质及教育价值，教师可以追问各内容领域背后指向的核心词，将具体内容与核心词建立联系从而梳理成大概念。教师也可以不断追问所教内容的内涵及教育价值，尝试思考“这些内容的核心是什么？这些内容背后蕴含的思想方法有哪些？为什么要学习这部分内容？这部分内容中所获得的哪些知识和方法可以迁移到更大范围？”等问题，在对这些问题的回答中整理出大概念。教师也可以在知识之间建立联系，这种联系不仅反映了知识之间的逻辑顺序，更反映出它们在思想方法和思维方式上的实质关联，将这种实质关联进行归纳即可形成大概念。

需要说明的是，我们不必追求对于大概念的唯一表述，上面提到的结合具体内容的思考也只是我们团队的认识，旨在引起老师们的思考和共鸣。更为重要的是，在这个过程中，教师逐渐养成了在具体知识点之上思考所教内容的教育价值，以及整体把握系统设计的思维习惯。这也将教师的备课视角引向了大概念统领下的单元教学。正如《人是如何学习的：大脑、心理、经验及学校（扩展版）》一书所阐述的：“必须用少量主题的深度覆盖去替换学科领域中对所有主题的表面覆盖，这些少量主题使得学科中的关键概念得以理解。”（布兰思福特 等，2013）

此外，我们采取的是“自上而下”和“自下而上”相结合的思路。按照“自上而下”的思路，在形成了学科大概念后，理想的是将学科大概念根据学生年龄特征进行阶段性细化，形成大概念的学习进阶，然后再具体进行大概念统领下的大单元设计。但考虑到教学实践的复杂性、丰富性，以及教师认识的阶段性和教学实践的可行性，我们首先开展了具体单元设计。在具体单元设计的基础上，大家逐渐认识到大单元设计的重要性。下文将按照我们的实际研究和实践基础进行阐述，而大概念进阶以及大单元的整体设计也将构成我们下一阶段的重要工作。

三、大概念统领下的单元教学：促进理解与迁移

大概念统领下的单元教学是基于数学大概念的整体设计，目标直指学生实现意义理解和自主迁移；关键问题、学习任务、学习支持和反馈评价是重要因素；而单元教学则是具体的实施途径。大概念统领下单元教学的设计模型如图4-9所示。

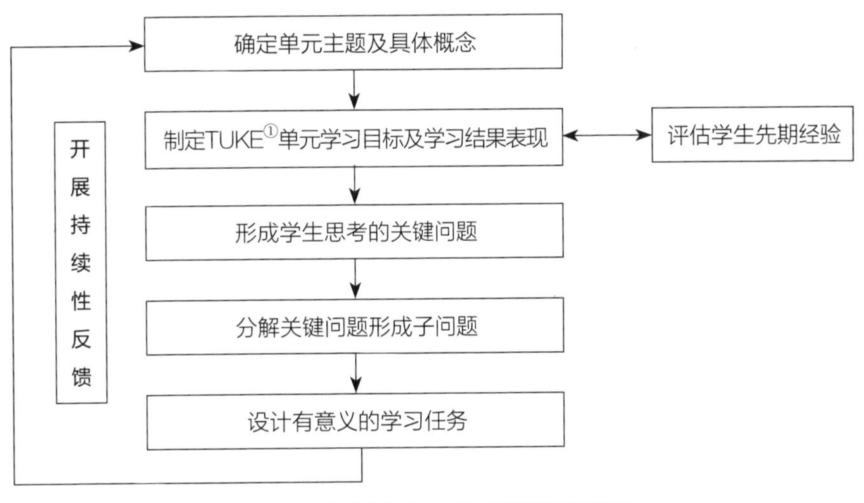

图4-9　大概念统领下单元教学的设计模型

① TUKE的四个字母分别代表迁移、依据具体概念设定的意义理解、需要掌握的知识和技能、情感态度价值观四个维度的目标，详见后文阐释。

对问题引领学习而言，学生思考的关键问题不仅包括教师提出供学生思考的问题，更包括学生在情境体验基础上提出的问题。因此，图4–9的模型可以调整为图4–10。

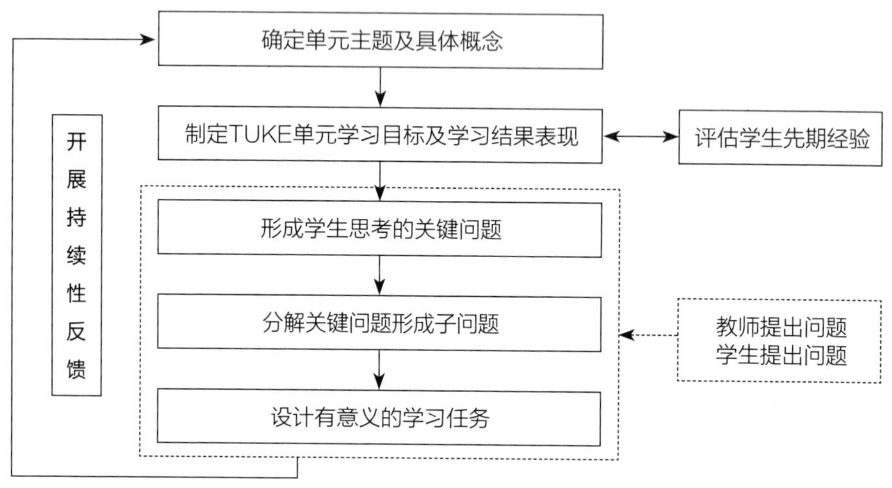

图4–10　大概念统领下问题引领学习单元教学的设计模型

需要指出的是，图4–9和图4–10并不表明单元设计的唯一顺序，教师可以从自己擅长和感兴趣的地方开始思考，比如从评估学生的前期经验开始。但无论从何处开始，都要在大概念统领下保持思考的一致性与连贯性。下面呈现的是我们常用的思考序列。

（一）确定单元主题及具体概念

1. 对于单元的理解

单元并不局限于教材中固有的单元，而是指具有内在联系、反映共同主题、学生又能够迁移的内容的整合。

“从单元设计的历史发展看，可以大体分为基于学术与艺术等人类文化遗产的、以系统化的学科为基础所构成的‘教材单元’（学科单元），与以学习者的生活经验作为基础所构成的‘经验单元’（生活单元）。”（钟启泉，2016）

在“问题引领学习”中，我们将“学科单元”细化为以数学知识主题统领的内容单元，以及以2011版课标十个核心词统领的内容单元——为了行文方便，分别称之为“知识单元”和“能力单元”；对“经验单元”我们更为强调解决真实问题，形成项目，所以称之为“项目单元”；为了突出学生的自主学习和学生问题的引领作用，我们将以儿童问题为主线构建的单元单独提出，称之为“兴趣单元”。

提出这四种单元不是为了将单元进行简单区分，因为这四种之间也存在着一定的交叉，而是帮助老师们思考单元设计的基本出发点，从而形成单元的学习主题。简言之，“知识单元”更为突出知识之间的实质联系，以加深对核心内容及其联系的理解，比如突出运算意义和联系的整数乘除法认识单元；“能力单元”学习的主要目的是在学生深入理解所学知识和方法的基础上，将蕴含的学科素养显性化，比如促进空间观念和推理能力发展的学习单元；“项目单元”的目的是通过解决真实的问题，形成项目产品，从而开展单元的学习；“兴趣单元”则更加突出学生的自主学习，自己提出问题，自己规划学习路径，并以此引领整个单元的学习。

在本丛书的《小学数学单元教学：基于儿童真实问题》中，将分别列举具体实例，阐述我们是如何进行单元教学的。

2．确定单元具体概念

确定了单元主题后，需要将大概念在单元的背景下具体化，形成单元具体概念，以集中体现单元所学内容的核心，过程中所形成的思想方法、思维方法等教育价值。单元具体概念一旦形成，将统领整个单元的学习。而单元学习主题也应集中凝练本单元的具体概念。

以发展学生空间观念和推理能力的“圆柱和圆锥”单元为例，这一单元主要包括圆柱和圆锥的认识及特征刻画，以及表面积、体积的测量。我们选择前文提到的大概念在图形的认识和测量中的具体体现来分析，集中分析第2条和第5条。

第2条 **分类、分析和表示是认识图形的三个主要工具。**

《站在巨人的肩膀上》一书指出，在研究形状时，我们的目标是：发现对象的相似性和差异，分析形体的组成部分，认知在不同表示中的形体。分类、分析和表示是我们认识图形的三个主要工具。当然，这些工具紧密地相互联系在一起，因此在某种程度上它们之间的区分完全是人为的。对称性是分类模式的工具还是分析模式的工具，事实上，两者皆是。然而，分开讨论这三个工具还是有益的。（斯蒂恩，2000）[160–161]刻画图形离不开对图形的表示，其中核心的是将三维图形表达在二维图形中，并且三维图形一旦表达在了二维图形上，二维图形就能够帮助刻画三维图形。而这种二维、三维之间的转化正是空间观念形成的重要方面。“研究形状第三个重要工具是表示。在日常生活中正如在数学、科学和艺术中，我们讨论的不只是形状本身，而且还讨论各种各样的形状的表示”，“在每一种情形下，基本的问题都是，决定形状和它的图象之间的关系或者同一形状的不同图象之间的关系”。（斯蒂恩，2000）[185]

具体地说，在小学阶段，可以通过展开与折叠、视图与还原、切截与累积以及旋转等实现立体图形与平面图形之间的转化，有的立体图形还可以通过平面图形旋转得到，如图4–11所示。（张丹 等，2020）

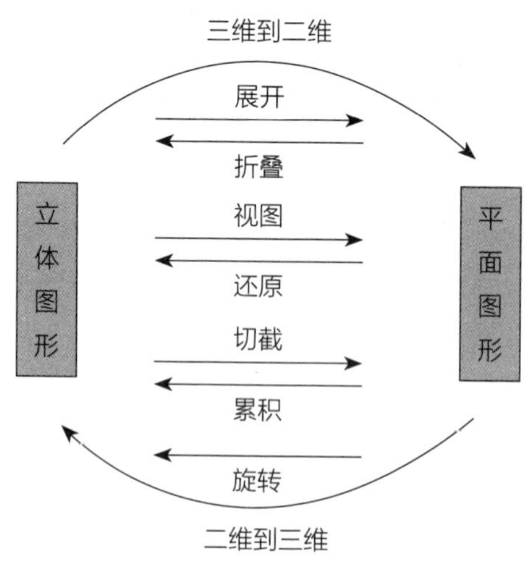

图4–11　三维图形与二维图形相互转化

以圆柱为例，可以把圆柱展开得到一个长方形和两个圆，而有关联的一个长方形和两个圆可以围成一个圆柱；从不同方向观察圆柱，可以得到圆、长方形等，而这些观察到的平面图形又可以还原成圆柱；当分别平行、垂直底面切截圆柱的时候，会得到圆和长方形，而圆柱又可以想象成由同样的圆堆积而成的；圆柱可以由长方形沿着一条边旋转而成。

第5条 寻找图形要素之间的关系、图形之间的转化、二维与三维的类比等，可以帮助人们获得常见图形的公式，这提供了运用推理产生图形面积、体积等公式的角度。

特别重要的是，不仅三维与二维的转化能够发展学生的空间观念，而且二维对三维的刻画可以帮助学生获得图形的特征及其表面积、体积等的结论和猜想。比如，从圆柱可以想象为由同样的圆堆积而成，学生能够自然地进行猜想：圆柱的体积等于底面积×高，从而有力地促进学生的推理能力和创新意识的发展。

总结下来，本单元的主题确定为“二维、三维图形转化，发展空间观念和推理能力”。而本单元的具体概念为：可以通过展开与折叠、视图与还原、切割与堆积、切割与旋转等实现圆柱、圆锥和平面图形之间的相互转化，发展空间观念；结合转化过程中图形之间的联系，通过推理可以获得图形的特征及其表面积和体积等的结论与猜想；利用与圆柱和圆锥相关的重要结论和方法，可以帮助我们解决生活中的很多实际问题。

（二）制定TUKE单元学习目标及学习结果表现

理解为先的单元包含四种不同的学习目标：迁移、理解意义、知识和技能。（威金斯 等，2018）大概念下的单元教学核心目标是意义理解和自主迁移，就学习目标而言，包括需要掌握的知识和技能目标（K目标）、依据具体概念设定的意义理解目标（U目标）、迁移目标（T目标），以及情感态度价值观目标（E目标），它们构成“TUKE单元学习目标”。例如，表4–3是“圆柱和圆锥”的TUKE单元学习目标。

表4–3 “圆柱和圆锥”的TUKE单元学习目标

T目标	当遇到一个新的立体图形时，有从不同角度来刻画的意识，并得出有道理的结论。
U目标	经历展开与折叠、视图与还原、切割与堆积、切截与累积的过程，认识到通过这些过程可以实现圆柱、圆锥与平面图形的互相转化；经历“猜想—验证”的探索过程，认识到利用二维、三维图形的转化和图形之间的联系，可以获得图形的特征及其表面积和体积计算公式等有关结论。
K目标	理解圆柱和圆锥的基本特征、各部分名称，以及等底等高圆柱和圆锥各部分之间的关系，掌握圆柱表面积和体积、圆锥体积的计算方法，能解决与圆柱、圆锥相关的实际问题。
E目标	感受二维、三维图形的转化和数学推理等的价值，获得自主探索、发现创造、乐于分享的情感体验，体会数学与生活的密切联系。

需要指出的是，TUKE单元学习目标的结构并不要求教师简单地一一对应，而是力求帮助教师全面体现学习目标，帮助教师去叩问本单元将实现什么样的意义理解与自主迁移，这也是落实核心素养的关键之一。

制定了单元学习目标后，进一步需要思考的问题是，什么样的学习表现或结果可以说明学生实现了学习目标，特别是意义理解和自主迁移。这就需要设计评估任务和评价标准。对于意义理解和自主迁移，往往需要设计表现性任务来进行评估。例如对于表4–3中的迁移目标（T目标），不妨给学生一个新的立体图形（如圆台），观察学生是否能主动从几个方面实现二维、三维转化，并由此有根据地得到这个图形的一些特征和关于表面积、体积的结论或猜想。由于这里考查的是学生是否能主动迁移，所以重要的是有意识和有根据，而不是唯一、完整的结论。表4–4呈现了对这一目标的评价标准。

表4-4　学生迁移目标的评价标准

等级	A（优秀）	B（合格）	C（仍需努力）
表现	能提出刻画图形的4个角度，由此提出有关特征、表面积和体积等的认识与初步猜想，并且具有自己的道理。	能提出刻画图形的2—3个角度，由此提出有关特征、表面积和体积等的认识与初步猜想，并且具有自己的道理。	没有给出新图形的任何认识和猜想；或者只能提出刻画图形的1个维度，得到对新图形特征的零散认识。

（三）评估学生先期学习经验

学习目标的制定离不开对学生先期学习经验的评估，以了解学生真正的学习起点、学习困难和发展需求。评估学生不仅可以帮助教师调整单元学习目标，也为单元学习任务的设计提供了依据。实际上，这一过程与制定学习目标、设计学生思考的关键问题往往是交织在一起的。

例如，在“圆柱和圆锥”单元中，通过对某校六年级一个班35名学生的前测调研，我们发现，当学生面对新的立体图形（圆柱），提出需要研究的方面时，表面积、体积、展开图、公式是出现次数最多的高频词。由此可以看出，学生能够根据以往经验对研究内容进行规划，但缺乏对二维、三维图形转化的描述。这就需要我们在这个单元中通过适当的活动帮助学生感悟、体会，并适当加以提炼和迁移。

可喜的是，当我们给学生提供了二维、三维图形转化的活动机会后，不少学生能够对圆柱的特征有所认识，并对体积给出合理猜想。有63.2%的学生对圆柱的体积公式有合理猜想，还有的学生能够清楚地将自己的猜想过程描述出来。比如，有的学生依据圆柱体可以看成是由无数小圆片摞起来组成的，从而猜想圆柱的体积等于底面积乘高（见图4-12中左图）；有的学生想到长方体也可以看成是由无数个小长方形摞起来得到的，迁移长方体体积的计算方法，猜想圆柱的体积也是底面积乘高（见图4-12中右图）。

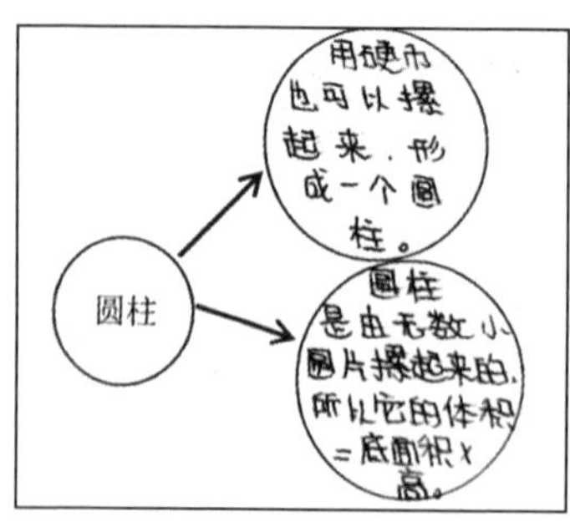

新猜想
长方体是由无数个长方形累加形成的，
它的体积等于底面积乘高，
而圆柱可以看成无数小圆片累加形成的，
所以圆柱的体积也等于底面积乘高

图4-12　前测中学生关于圆柱体积的猜想

由此可见，学生们经历圆柱与二维、三维图形的转化过程，能有效地唤醒和激活前期的学习经验，促使他们主动建立图形间的联系，进行迁移，并提出猜想。这样的猜想能够推动研究不断向前，促进深度学习的发生。

二维、三维图形转化维度的结构化认知，需要通过不断反思、提炼，才能形成稳固的认知结构。因此，在六年级面对小学阶段最后一个图形单元“圆柱和圆锥”时，我们需要帮助学生建构整体经验，从而迁移到对新图形的认识及其相关问题的解决中。

（四）形成学生思考的关键问题

大概念统领下的单元教学需要围绕着重要内容开展深度探究，学生的探究是围绕着解决问题展开的。关键问题的确立有助于避免目前课堂教学中普遍存在的教师设问随意、细碎，缺乏整体性的弊端。

关键问题具有以下特点：是达到理解意义和自主迁移目标的关键，是指向和突出单元具体概念的；学生将通过深度思考与合作交流来解决关键问题，而不仅仅是为了得到标准答案；同学生先期的学习基础和经验紧密联系；最好是真实生活中的问题或学生好奇的问题，而不仅仅是教师设计的问题。

对“问题引领学习”而言，学生思考的关键问题不仅包括教师提出供学生思考的问题，更包括学生在情境体验基础上提出的问题。下面分别列举三个不同单元类型的案例加以说明。

1. 问题引领学生空间观念和推理能力的发展

还是以“圆柱和圆锥”单元为例，表4–5是“圆柱和圆锥”单元的关键问题，它指向和突出了单元的具体概念。

表4–5 “圆柱和圆锥”单元具体概念和对应的关键问题

单元具体概念	学生思考的关键问题
1. 可以通过展开与折叠、视图与还原、切割与堆积、切割与旋转等实现圆柱、圆锥和平面图形之间的互相转化。 2. 结合转化过程中图形之间的联系，通过推理可以获得图形的特征及其表面积和体积等的结论与猜想。 3. 利用与圆柱和圆锥相关的重要结论和方法，可以帮助我们解决生活中的很多实际问题。	1. 圆柱和圆锥通过展开、从不同方向看、切割等，可以得到哪些平面图形？ 2. 如何通过折叠、还原、堆积、旋转等得到圆柱或圆锥？ 3. 在上面的活动中，可以获得圆柱和圆锥的哪些特征？获得关于表面积和体积等的哪些发现和猜想？如何验证它们？ 4. 与圆柱和圆锥有关的重要结论和方法可以解决哪些问题？

“圆柱和圆锥通过展开、从不同方向看、切割等，可以得到哪些平面图形？”和“如何通过折叠、还原、堆积、旋转等得到圆柱或圆锥？”这两个问题对应于单元具体概念的第1条，前者是鼓励学生经历从立体图形到平面图形的转化过程，后者是鼓励学生经历从平面图形到立体图形的转化过程，学生在二维和三维图形相互转化的过程中不断进行想象和操作，发展了空间观念，同时也丰富了对圆柱和圆锥的认识。

“在上面的活动中，可以获得圆柱和圆锥的哪些特征？获得关于表面积和体积等的哪些发现和猜想？如何验证它们？”这个关键问题直接对应了单元具体概念的第2条，引领学生经历“猜想—验证”的完整思维过程，发展学生的推理能力，获得有关圆柱和圆锥及其测量的重要结论。

“与圆柱和圆锥有关的重要结论和方法可以解决哪些问题？”这个问题对应着单元具体概念的第3条，探究这个问题的目的是引领学生研究圆柱和圆锥在日常生活中的应用，更好地建立数学与实际生活的联系，解决一些与生活相关联的实际问题，提升学生的应用意识。

根据表4-5中的关键问题3、4，鼓励学生提出问题的活动主要体现在两个地方：

第一，在数学活动中提出猜想。首先通过对圆柱二维及三维间转化的探索过程，鼓励学生不断提出自己的新发现和新猜想；然后在此基础上，通过新发现和新猜想等问题提出经验的积累，以及认识图形的不同维度和方法的迁移，鼓励学生迁移研究圆锥的经验，提出有关圆锥的新发现和新猜想。当然，对于学生得到的猜想还需要进一步验证。

第二，根据数学对象提出问题。在学完圆柱、圆锥相关内容后，鼓励学生结合现实生活提出与圆柱和圆锥相关的数学问题，在此基础上梳理同学们提出的问题，并应用圆柱和圆锥的知识与方法尝试解决。

2．问题引领学生完成挑战性任务

项目单元的目的是通过解决真实的问题，形成项目产品，从而开展单元的学习。学生既可以在解决问题的过程中学习和建构新知识，更能提高应用意识和问题解决能力，发展实践能力和创新意识。同时，学生还将在实践中获得更为丰富的、更接近真实世界的体验，促使他们更加积极主动地学习。

项目单元的设计首先也要分析本单元的具体概念，以有效避免项目单元开展的随意性。例如，“比的认识”是六年级的学习单元，包括认识比的意义、比的化简以及利用比的意义解决简单的实际问题。这一单元的具体概念可以概括为如下两点。

第一，比是两个量倍数关系的表示和度量，这种表示和度量体现了模型意识的发展。

史宁中教授明确提出了对于比的本质的理解：“比是两个数量倍数关系的表达或者度量。”（史宁中 等，2017）倍数关系是表达量多少的一种重要关系，这种关系可以是同类量间的关系，也可以是不同类量间的关系。比的度量作用很重要，利用两个量之间的比产生新概念可以对事物的属性进行度量，比如用路程和时间的比产生新的概念——速度，用来度量快慢。正如史宁中教授进一步阐述的：“如果要对一个事物的优劣进行度量，可以探寻影响优劣的关键要素，然后基于关键要素之比构建度量指标。基于这个思路，可以根据生活的经验创设教学活动，让学生在这样的活动中感悟：数学是如何利用两个数量的比合理地分析和解决问题的。并且让学生逐渐建立这样的理念：可以人为地建立各种度量指标，判断度量指标好坏的标准就是是否能更好地反映客观现实。”（史宁中 等，2017）

第二，利用比的意义，以及比和分数、除法的关系可以解决问题。

这一点比较好理解，因为比和分数、除法有着密切的联系，利用比的意义和关系能够帮助我们解决比的化简、按比例分配等实际问题。强调这一点，是想强调可以从概念的意义出发来解决问题，而不是形成或套用若干“题型”来解决问题。

在具体概念下，这一单元的关键问题可以初步拟定为：

- 如何刻画两个量之间的关系？
- 比表示的是两个量之间怎样的关系？
- 生活中还有哪些问题可以通过比来度量？
- 比和哪些知识有联系？
- 如何利用比的意义及与其他知识的联系解决生活中的问题？

项目单元是围绕着解决真实问题展开的，驱动性的、挑战性的真实任务是关键，即需要设计真实任务鼓励学生发现和提出问题、分析和解决问题，因此，将这一单元问题提出活动设计为“解决挑战性的任务引发问题”，再比较学生提出的问题和上面初步拟定的关键问题，调整形成本单元学生最终思考的关键问题。

比如中国人民大学附属小学有一个“泡泡节”，关于吹泡泡，教师给六年级的学生们布置了一个有趣的、充满挑战性的任务：“给一年级的小朋友配泡泡液，要能吹出一个尽可能大的泡泡。”为了完成这个任务，应该考虑哪些具体问题呢？学生们纷纷提出了自己的思考，在独立思考的基础上小组交流，最后汇总各小组的问题形成如下问题串。

问题1　一般泡泡液的成分中含有洗涤剂和水，二者如何配比吹出的泡泡比较大？

问题2　添加胶水、蜂蜜等其他材料，成分之间如何配比使得吹出的泡泡比较大？

问题3　确定配方后，要给一年级一个班40名小朋友配制泡泡液，需要各种成分各多少？

对比这些问题和初步拟定的关键问题，发现以上问题实际上包括了“如何刻画两个量之间的关系？比表示的是两个量之间怎样的关系？如何利用比的意义解决生活中的问题？”，但是没有包括“生活中还有哪些问题可以通过比来度量？比和哪些知识有关系？”，于是设计如下的问题4作为补充——当然，这个问题既可以由老师提出，也可以由学生在解决前三个问题的基础上自然提出。

问题4　我们学习了除法和分数，为什么还要学习比？生活中还有哪些问题可以通过比来度量？

综上，在“问题引领学习”的项目单元中，为了确定学生思考的关键问题，一般需要经过如下过程。

第一，根据单元具体概念初步拟定关键问题；

第二，设计挑战性任务，鼓励学生为了完成任务而提出需要解决的问题；

第三，将学生提出的问题与初步拟定的关键问题做比较，调整形成本单元最终的关键问题。

3. 问题引领学生自主学习

兴趣单元更加突出学生的自主学习，以学生提出的问题为主线来构建单元。也就是设计真实情境，鼓励学生自己提出问题，自己规划学习路径，并以此引领整个单元的学习。

和项目单元一样，兴趣单元的设计首先也要分析本单元的具体概念，这也能有效避免兴趣单元展开的随意性。当学生通过情境体验提出问题并对问题进行整理后，教师可以有机链接初步拟定的本单元关键问题和学生问题。

还是以“比的认识”单元为例，需要设计合理的真实情境，鼓励学生通过情境体验发现和提出问题。比如前文提及的刘老师设计的“拉伸照片”的真实情境。[①]

情境任务　我们在完成制作小报等实践作业时，常常需要在文档中插入长方形图片，并根据需要不断“拉伸”，以调整到合适的大小。不知你是否留意过这个过程？实际试一试，看看这里面有没有你感兴趣的、值得研究的问题。

教师提前几天布置了此任务，鼓励学生多实践，学生在实际操作中观察到图片的变化，初步体验到图片是否“变形”与长方形的长、宽有关，产生学习比的需求，并将需要进一步研究的问题记录下来。具体问题举例如下。

问题1　怎样调整长和宽才能让图片不变形？

问题2　怎样放大或缩小图片，能让它与原图最为相似？

问题3　我发现虽然拉伸前后两张图片的大小不一样，但看起来很相似，这是为什么？是因为长都是宽的两倍吗？

问题4　为什么只向一个方向（左右或上下）拉伸，图片的样子会变得很怪？

问题5　长和宽同时减少一个长度，还能和原来的图片形状一样吗？

问题6　拉伸的过程中为什么出现了某数——某数？那是什么？有什么用？

除了数学问题，学生还提到了一些非数学问题，真实情境往往突破学科的限制，引发学生对生活现象的多角度关注。接下来就需要学生自主整理问题并规划单元学习路径，用大家的问题构成本单元的学习主线。当然，在此

① 案例来自北京市海淀区实验小学刘晓老师和她的学生们。

过程中，教师要将学生提出的问题与初步拟定的关键问题进行比较，比如学生的问题中缺乏“生活中还有哪些问题可以通过比来度量”这一问题，那么在学生的学习进程中教师就要密切关注，或者鼓励学生随着学习进程自然提出问题，或者教师适时将问题补充进学习进程中。

综上，在“问题引领学习”的兴趣单元中，为了确定学生思考的关键问题，一般需要经过如下过程：

第一，根据单元具体概念初步拟定关键问题。

第二，设计真实情境，鼓励学生发现和提出问题。

第三，学生整理大家的问题形成本单元的问题主线。教师有意识地将此与初步拟定的关键问题做比较，随着学习进程的自然展开，师生共同补充或调整若干问题。

由此，大概念统领下的兴趣单元，既充分激发并利用学生丰富的问题开展学习，又将这些与数学的本质适时关联在一起。

（五）分解关键问题形成子问题，设计有意义的单元学习任务

在确立了关键问题之后，需要进一步将关键问题分解为子问题，并在此基础上形成单元学习任务序列。如何让学生真正理解大概念并迁移大概念解决新问题？仅靠教师的讲解或师生之间的浅层问答是不行的，需要设计有意义的学习任务，鼓励学生在探索和交流中建构并运用大概念。

这里需要思考如下几个问题：关键问题如何根据学生的学习经验分解成子问题？什么样的学习任务能够达成预期学习结果？什么样的学习任务能够更好地激发学生思考？学习任务的顺序和课时如何安排？

此时，教师不妨再次分析教材，以单元具体概念和关键问题为统领，认真分析教材设计的单元学习任务序列，这样可以帮助教师更为准确地把握教材的编写意图，同时又能站在发展学生核心素养、促进意义理解和自主迁移的基础上审视教材，进行合理的创造。

如前所述的“圆柱和圆锥”单元，在单元关键问题的基础上，根据学生的先期经验评估，将上述关键问题进行进一步分解，同时梳理分析教材中的

学习任务，就得到了这一单元的学习任务序列，进而形成单元结构框架。（见图4–13）[①]

从图4–13中不难看出，根据前文提到的二维、三维图形的相互转化途径，系统设计了“围”“切”“不同方向观察”“展开”“平移”“旋转”等活动。通过结构化的活动设计，鼓励学生梳理圆柱及其二维图形转化的维度，结合操作的经验激发学生的新猜想和新认识。基于学生对于圆柱学习的整体经验，建构认识新图形的途径，并将其类推到圆锥的学习中去。鼓励学生不仅

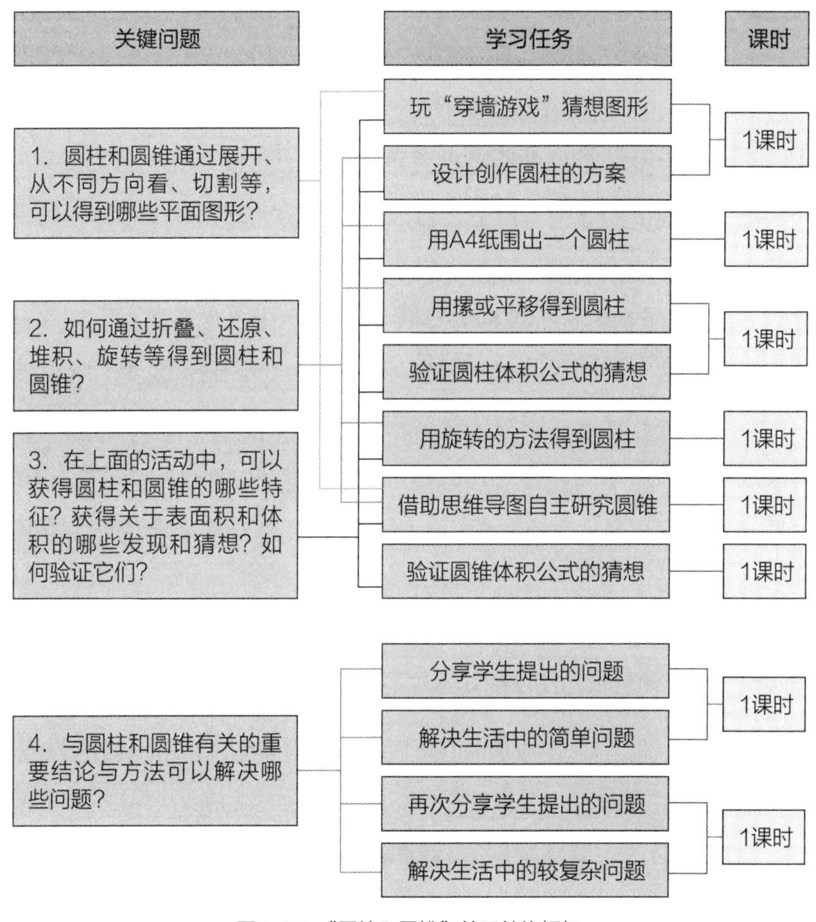

图4–13 “圆柱和圆锥”单元结构框架

① 案例来自北京市海淀区中关村第三小学。

自主提出探索圆锥的不同角度，同时提出关于圆锥的发现和猜想，再开展验证。同时，结合现实生活情境，鼓励学生提出与圆柱和圆锥相关的问题。在梳理和解决问题的过程中，巩固应用圆柱和圆锥的知识方法。有关这一单元的具体设计请参考本丛书的《小学数学单元教学：基于儿童真实问题》。

下面将具体阐述前文“比的认识”兴趣单元学习任务的展开。

案例

“比的认识”单元学习

任务1 整理学生问题，形成单元学习路径

在学生提出问题的基础上，首先进行的是整理问题、规划学习路线的学习任务。通过讨论，大家发现上面的六个问题中问题1—3、问题6实际上都是在讨论“怎样调整长和宽才能让图片不变形”这一问题，解决完这一问题后其他问题都可以解决了。然后在此基础上，再讨论问题4、5，加深对倍数关系的理解。而关于个性化的问题，学生们决定“将其贴在问题角上，供感兴趣的同学课下研究，然后汇报研究成果”。对于其他学科问题，学生们决定“推荐给有关老师，请老师帮助同学们选择可能解决的问题”。

任务2 怎样调整长和宽才能让图片不变形

面对这一问题，教师从一位学生的问题单入手（见图4-14），鼓励学生们尝试解决。

通过讨论，大家感觉图片1和图片3没有变形，但图片2变形了。也有学生提出了质疑：“仅仅用肉眼判断不够，有没有其他办法说明图片没有变形?”这引发了新的探索，学生们想到了如下的方法。

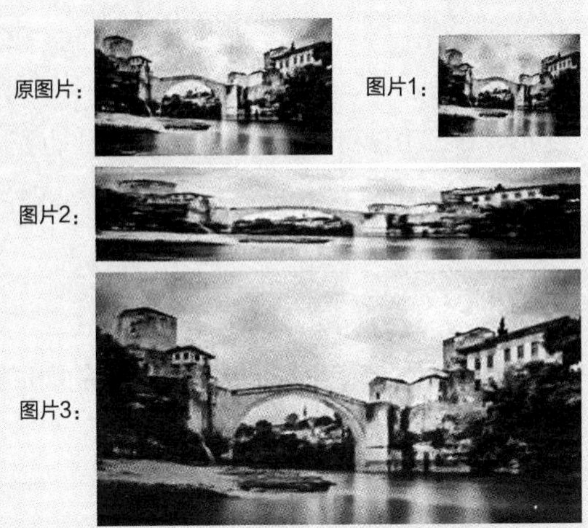

图4-14　一位学生问题单中的学习素材

生1　我把图片剪下来折了折、量了量，发现图1与原图的长、宽并不成倍数关系，图3的长、宽都是原图的2倍。

生2　图3与原图的关系是：宽5÷2.5=2、长8÷4=2。

生3　我们可以利用透明方格纸放在上面看一看，每幅图片的长是宽的几倍，看看这些倍数是否一样。

于是，大家利用方格纸测量了这些图片的长、宽，并分别比较了每幅图的长是宽的几倍，以及图1、图2、图3的长和宽分别是原图的几倍。最后得到如果将原图的长和宽按照一定的倍数进行拉伸，图片就不会变形。在此基础上，教师引进了比的概念，并引导学生用比来刻画上面情境中的关系。最后，教师顺势鼓励学生讨论了比和分数、除法的关系。

任务3　长和宽的比是否变化

"问题引领学习"的重要特征之一是问学交融：学生一方面在不断发现、提出、分析、解决问题中学习、应用和发展所学的知识与方法，一方面在学习过程中不断发现和提出新问题。在完成了任务2以后，有学生提出了新的问题："如果图2、图3都是原图拉伸后得到的，并且都不变形，那么图2和图3之间长和宽的比也是一样的吧？"于是，大家一起把某一图片在方格纸上进行拉伸，分别记录数据，得到表4-6。

表4-6　原图经过"不变形"的拉伸后得到的图形数据

	长	宽
原图	2	1
图2	3	1.5
图3	4	2
图4	5	2.5

通过分别讨论图2、图3、图4的长、宽的比与图1的关系，学生研究了比的化简。在此基础上，学生自然地提出疑问："任意一个比都能够进行化简吗？"由此，大家又学习了比的化简。特别地，借助拉伸前后是否变形，体会长和宽的比能够刻画图片是否"像"，初步体会比的价值。

任务4　生活中还有哪些问题可以通过比来刻画

此时，教师注意到本单元的一个关键问题"生活中还有哪些问题可以通过比来度量"还没有明确提出，前面的讨论也一直局限于同类量的比，涉及的情境也比较单一。此时如何引导学生关注更多情境下的比，特别是两个不同量之间的比呢？当然，教师可以直接以教材中的情境引入进一步的讨论，帮助学生建构对于比的全面理解。

出于对学生好奇心的激发，教师还可以设计小课题研究——“生活中是不是很多事物都可以用比来刻画?”，鼓励学生们自己选择生活中的事物，看看是否能用比来刻画。

以下是齐老师所在班级学生结成小组所做的小课题研究举例。①

案例

关于比的小课题研究

研究“长方形美丑”的小组发现长和宽的比决定了它的形状；“颜色深浅”组发现黑色和白色的份数比为6∶4时，方块颜色开始由浅入深。（见图4–15）

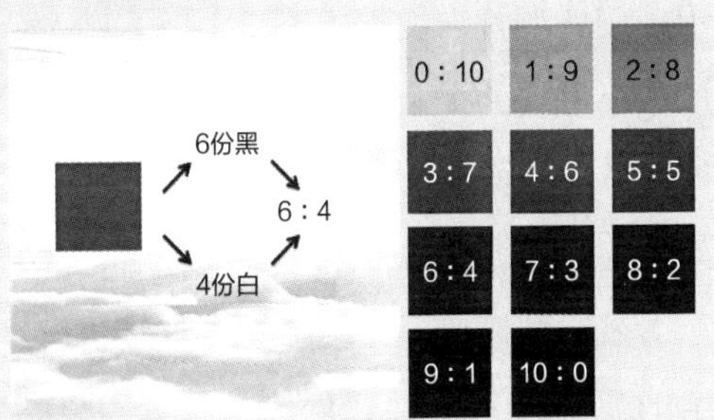

图4–15　当黑白比为6∶4时颜色由浅变深

“云朵”组的研究很有趣，学生们发现天气的阴晴应该和天空中云量的多少有关系。他们把整块黑板当成蓝天（可容纳36朵白云），在黑板上贴上一朵一朵的白云。当出现26朵云时，全班学生一致同意此时的天气状况可以用阴天表示。大家自然地抽象出了26∶36这个比，并化简为13∶18。之后，“云朵”组带着同学们进一步讨论，只要保持比值不变，无论云朵数如何变化，天气都是同一个状态。通过讨论，学生们进一步建构了比的意义——可以表示两个量的倍数关系，也可以表示生活中的一种状态。（见图4–16）

更多小组遇到的是不同类量的比，开始大家并不认同不同类量的

① 案例来自北京市海淀区红英小学齐迎春老师和他的学生们。

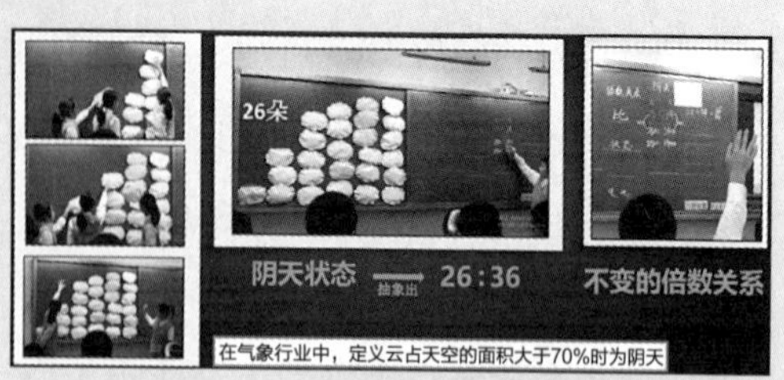

图4-16 “云朵”组的汇报

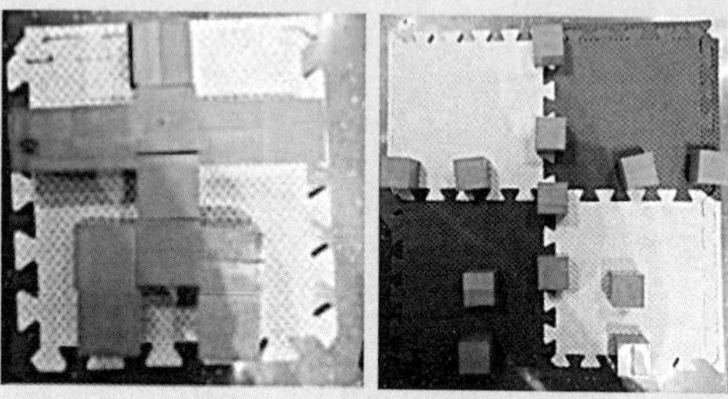
图4-17 “清晰度”组实验

比。例如，研究“清晰度”的小组认为：照片清晰度与照片尺寸和像素点数量有关。如图4–17所示，他们用地垫做整张照片，用小方块作为像素点。1张地垫、12个小方块表示清晰的照片；4张地垫、12个小方块摆出同样的图案，表示模糊的照片。但学生不敢用小方块的个数与地毯的张数（或面积）的比来刻画这种清晰程度，他们坚持认为单位不同不能“比”。

在这种情况下，教师没有直接讲解，而是引导全班学生分享更多组的研究成果，并开展集体讨论。“水质好坏”组、“物体粗糙度”组、“纸张干湿度”组等小组的汇报同样出现了不同量的比。通过集体讨论，越来越多的学生认可了不同单位的量是可以产生比的，可以用比来度量事物的某一属性。

在此基础上，学生进一步应用比解决生活中的实际问题。例如，“酸酸甜甜水”组要按照20滴柠檬汁比5勺蜂蜜的配方，为全班同学准备果汁，他们通过比的意义计算出了全班需要多少柠檬汁和蜂蜜。

总之，围绕着单元关键问题设计的有意义的学习任务应该是高水平的学习任务。“当教学任务使学生进行高水平的思维和推理时，就能最大限度地促进学生的学习；当教学任务只是使学生练习对常规程序的掌握时，则对学习促进得最少。”（张夏雨 等，2018）而学生在这种真实且富有挑战性的任务中也将获得成功的喜悦及多方面的发展。例如，上文提到的配制泡泡液的项目单元[①]，经过一段时间的学习和实践，配制出泡泡液后，学生们纷纷展示了他们的成果。图4-18中，在这个女生展示使用她们配制的泡泡液得到的泡泡时，旁边观察的男生已经惊呆了。我们的数学课上，能不能多点孩子们这种惊奇的表情？这样的表情，正是源于数学所带来的神奇！

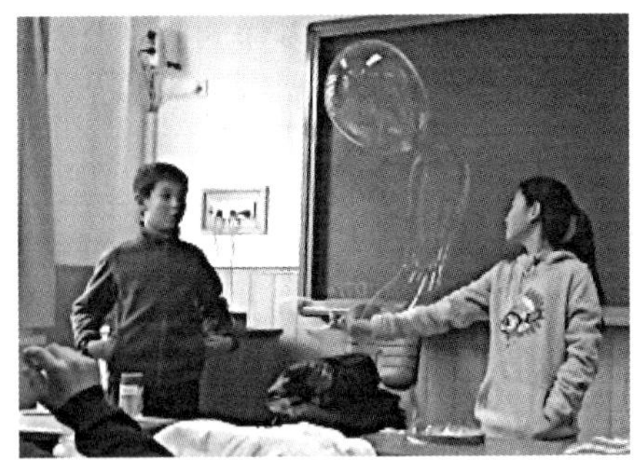

图4-18　学生展示配制的“泡泡液”的成果

学生们在研究中写下了自己的感受：

通过这次对泡泡的深入研究，我感受到在生活中数学无处不在，哪怕是一个小小的泡泡，也能引发我们无数的问题，值得我们研究。要经过多次实验，并提出问题，根据问题再提一个新问题，去解决，就能对事物有新的了解。

我发现生活中常用的东西也会有奇妙的数学。而在探究数学的过程中，会有失败，但失败也是对成功的铺垫！在数学中不只有公式，还有活动乐趣。数学就在我们身边，只要你敢于发现！

其实数学真的就在我们身边，只要你敢于和乐于发现。期待更多的老师有这样的眼光和意识，鼓励学生运用数学的眼光去观察世界，去发现问题，去开展研究。

（六）开展持续性反馈

除了前文在制定TUKE单元学习目标时提到对学习结果的评价，在单元学习的过程中，还需要为学生提供持续性反馈。持续性反馈既包括学生在学习过程中得到教师及同伴之间的评价反馈，也包括自己不断反思。将评价反馈任务有机嵌入学习过程，可以发挥评价对教学的促进作用，力求学、教和评的一致性。

① 关于这个单元的具体设计详见本丛书的《小学数学单元教学：基于儿童真实问题》。

反馈的形式是多样的，课堂中的反思评价性问题、课堂练习、学习者学习过程的记录、作业等都可以提供反馈信息。比如“圆柱和圆锥”单元中，可以收集学生在课堂学习中提出自己发现和猜想的学习单，把它作为学生进行自我反思和开展评价的依据，教师也可据此及时调整教学设计。

四、走向大单元教学

大单元的“大”体现了对核心素养的支撑作用。孙晓天教授指出：“在这个意义上，大概念首先应当指数学课程标准中的核心概念，因为在整个数学课程目标体系里，相对于核心素养，没有比它们再大的概念了，称之为大概念，顺理成章。更重要的是，这些大概念是培育核心素养不可或缺的支撑条件，在教学过程中，通过充分剖析和提炼具体数学内容与这些大概念之间的关联，并采取与之相应的教学构建和策略，就是把核心素养置于数学教学首位的具体教学实践。”

让我们回到前文提到的“圆柱和圆锥”单元，实际上，“二维、三维图形转化，发展空间观念和推理能力”这一主题不仅统领了“圆柱和圆锥”单元，还统领了其他立体图形（小学阶段还包括长方体）的学习。同时，这一主题不仅适用于高年级立体图形的探索，在低年级立体图形的初步认识中也将加以体现，即这一主题引领了大单元的整体设计，也有学者将其称为“主题单元”。

正如孙晓天教授所阐述的，空间观念和推理能力作为数学课程标准中的核心词，它们可以统领立体图形的初步认识、长方体的认识、圆柱与圆锥的认识，在“二维、三维图形转化，发展学生空间观念和推理能力”这一主题下构成大单元。有的老师可能会问，它们本身都有各自的内容单元，也不可能将它们集中学习，那为什么还要提出“大单元”呢？实际上，如果把“立体图形的认识”看成一个由共同关联的空间观念、推理能力形成的大单元，那么作为一个教学整体，这个大单元的“形”可以散布在不同年级，但由空间观念和推理能力凝聚而成的这个“神”不能散。这就使得围绕大单元开展的备课方式会有别于以课时或“知识”为单位的备课方式，即不是一个一个地去备“知识”，而是把这些在时间上不连续的内容，预先进行整体通盘考虑，通过挖掘每一个具体内容与空间观念和推理能力的关联，努力将这种关联贯穿整个教学过程。而以二维、三维图形转化以及猜想与验证为主体的具体概念可能会在具体内容中的表述有所不同，但核心将会是一致的。

总之，采用大概念统领的大单元备课，能够在一段较长的学习时间内，以丰富的学习情境，将分布在不同学期的具体内容围绕一个共同的主题联结起来。这不仅能够体现知识、思想方法等的连贯性，而且能够关注学生在整个学习进程中的思维发展，力求基于学生的学习进阶来设计教学。特别地，学生通过解决不同情境中的问题，逐渐感悟和抽象概括大概念，然后迁移逐渐发展的大概念以解决新情境下的问题，从而能够通过连续且有层级的进阶式学习，最终对所学内容有深入的理解并能迁移应用。大概念进阶以及大单元的整体设计也将构成我们下一阶段的重要工作。

在核心素养视域下，单元成为教师进行教学研究的基本单位。大概念统领的单元教学发挥联系和结构的力量，将知识有机地联系起来，帮助学生逐步领悟知识背后蕴含的数学思想方法，并将其迁移应用于新的情境中，以促进他们的意义理解和自主迁移。在“问题引领学习”中，我们实践了突出知识之间的实质联系，以加深理解核心内容及其联系的知识单元；以课程标准中的核心词为基础，将蕴含的学科素养显性化的能力单元；解决真实的问题形成项目产品的项目单元；更加突出学生自主学习、自己规划学习路径开展学习的兴趣单元。同时，我们鼓励学生开展跨学科学习，以激发他们的好奇心，发展他们的思考能力和创新人格，力求将核心素养真正落实到学校教学中。

总之，我们期待着“问题引领学习”带来的成果——用问题引领学生的好奇，用问题引领学生的思考，用问题引领学生的实践，用问题引领学生创新人格的发展。正如前文所提及的一位学生在经历“问题引领学习”后的感言一样：“学习就是你带着很多很多的问题，尝试去解决它们，接着又产生了很多很多新的问题，然后再去解决，如此反复的过程！”

参考文献

巴雷尔，2016．教会学生探究[M]．姚相全，译．北京：教育科学出版社．

鲍建生，周超，2009．数学学习的心理基础与过程[M]．上海：上海教育出版社．

波普尔，1986．猜想与反驳：科学知识的增长[M]．傅季重，纪树立，周昌忠，等译．上海：上海译文出版社：317–318．

布兰思福特，布朗，科金，等，2013．人是如何学习的：大脑、心理、经验及学校：扩展版[M]．程可拉，孙亚玲，王旭卿，译．上海：华东师范大学出版社：18．

蔡金法，姚一玲，2019．数学“问题提出”教学的理论基础和实践研究[J]．数学教育学报，28（4）：42–47．

曹培英，2015．跨越断层，走出误区：“数学课程标准”核心词的实践解读之九：应用意识[J]．小学数学教师（4）：12–18．

曹一鸣，2012．十三国数学课程标准评介：小学、初中卷[M]．北京：北京师范大学出版社．

陈丽敏，景敏，Lieven，等，2013．五年级小学生数学问题提出能力和观念的调查研究[J]．数学教育学报22（2）：27–32．

陈亮，朱德全，2003．数学探究教学的实施策略[J]．数学教育学报，12（3）：20–23．

陈婷，徐红，徐冉冉，等，2019．数学教师学习使用“问题提出”教学法的个案研究：以“用字母表示稍复杂的数量关系”为例[J]．数学教育学报，28（2）：7–12．

董中保，石阔，2000．“科学问题”概念及其本质特征和属性[J]．辽宁工程技术大学学报（社会科学版）（1）：10–14．

杜威，2005．我们怎样思维·经验与教育[M]．姜文闵，译．2版．北京：人民教育出版社．

范文贵，2003．利用几何画板开展探究性数学学习的案例分析[J]．中国电化教育（4）：34–36．

范文贵，2007．数学家的观点对数学学习的启示[J]．数学教育学报，16（3）：17–20．

郭金彬，2003．怎样对问题作数学的理解[J]．自然辩证法研究（12）：4–7．

哈伦，2011．科学教育的原则和大概念[M]．韦钰，译．北京：科学普及出版社：48．

哈伦，2016．以大概念理念进行科学教育[M]．韦钰，译．北京：科学普及出版社：3．

Halmos，弥静，1982．数学的心脏[J]．数学通报（4）：27–31．

黄骐，陈春萍，罗跃嘉，等，2021．好奇心的机制及作用[J]．心理科学进展，29（4）：723–736．

课程教材研究所，2001．20世纪中国中小学课程标准·教学大纲汇编：数学卷[M]．北京：人民教育出版社：632–645．

孔企平，许自强，陈志辉，等，2015．近十年来国际数学教育研究趋势[J]．全球教育展望，44（12）：96–104．

李怀军，张维忠，2019．小学生数学问题提出能力发展研究[J]．数学教育学报，28（5）：2–8．

李淑文，史宁中，2012．日本新初中数学课程中的数学活动及其启示[J]．外国中小学教育（6）：47–51，28．

李祥兆，2005．数学问题提出的实证研究述评[J]．数学教育学报，14（4）：63–67．

李欣莲，宋乃庆，陈婷，等，2019．小学数学教师“问题提出”

表现研究[J]. 数学教育学报，28（2）：1–6.

李煜晖，郑国民，2018. 核心素养视域下的中小学课堂教学变革[J]. 教育研究，39（2）：80–87.

林崇德，2016. 对未来基础教育的几点思考[J]. 课程・教材・教法，36（3）：3–10.

刘徽，2020. “大概念”视角下的单元整体教学构型：兼论素养导向的课堂变革[J]. 教育研究，41（6）：64–77.

刘月霞，郭华，2018. 深度学习：走向核心素养：理论普及读本[M]. 北京：教育科学出版社.

吕传汉，汪秉彝，2006a. 论中小学“数学情境与提出问题”的教学[J]. 数学教育学报，15（2）：74–79.

吕传汉，汪秉彝，2006b. 中小学数学情境与提出问题教学研究[M]. 贵阳：贵州人民出版社：37.

马云鹏，2019. 深度学习：走向核心素养：学科教学指南　小学数学[M]. 北京：教育科学出版社：2.

聂必凯，汪秉彝，吕传汉，2003. 关于数学问题提出的若干思考[J]. 数学教育学报，12（2）：24–26.

珀金斯，2015. 为未来而教，为未来而学[M]. 杨彦捷，译. 杭州：浙江人民出版社：85–90.

邱红松，杨玉东，范文贵，等，2004. 学生如何在技术支持下进行数学探究？：“正多边形定义的推广”课例研究[J]. 上海教育科研（5）：60–63，71.

舍斯托夫，2004. 在约伯的天平上[M]. 董友，徐荣庆，刘继岳，译. 上海：上海人民出版社.

史宁中，2008. 数学思想概论：第1辑　数量与数量关系的抽象[M]. 长春：东北师范大学出版社：143.

史宁中，2012. 义务教育数学课程标准（2011年版）解读[M]. 北京：北京师范大学出版社.

史宁中，2016．数学基本思想18讲[M]．北京：北京师范大学出版社．

史宁中，娜仁格日乐，2017．小学数学教科书中的比及其教学[J]．数学教育学报，26（2）：1–5．

斯蒂恩，2000．站在巨人的肩膀上[M]．胡作玄，邓明立，等译．上海：上海教育出版社．

斯腾伯格，史渥林，2001．思维教学：培养聪明的学习者[M]．赵海燕，译．北京：中国轻工业出版社：72–76．

宋乃庆，周莞婷，陈婷，等，2019．小学数学教师“问题提出”的教学信念研究[J]．数学教育学报，28（4）：24–29．

唐文艳，2004．“数学情境与提出问题”教学模式的研究性学习因素及体现[D]．贵阳：贵州师范大学：4．

王嵘，蔡金法，2020．问题提出：从课程设计到课堂实践[J]．课程·教材·教法，40（1）：90–96．

威金斯，麦格泰，2018．理解为先模式：单元教学设计指南：一[M]．盛群力，沈祖芸，柳丰，等译．福州：福建教育出版社：63．

吴正宪，张丹，2017．让儿童在问题中学数学[M]．北京：教育科学出版社：8．

希尔伯特，1981．数学问题：在1900年巴黎国际数学家代表会上的讲演[M]//中国科学院自然科学史研究所数学史组，中国科学院数学研究所数学史组．数学史译文集．上海：上海科学技术出版社．

夏小刚，2005．国内外数学问题提出教学研究的回顾与反思[J]．数学教育学报，14（3）：17–20．

徐冉冉，李丹杨，姚一玲，等，2020．指向教学改进的“问题提出”数学教学[J]．数学教学（10）：1–8．

姚一玲，蔡金法，2019．运用“问题提出”进行数学教学的理论基础[J]．小学教学（数学版）（9）：25–28．

余慧娟，2020．突出重点　打造新时代新课标：访教育部党组成员、副部长郑富芝[J]．人民教育（18）：6–8．

俞国良，侯瑞鹤，2003．问题意识、人格特征与教育创新中的创造力培养[J]．复旦教育论坛，1（4）：11–15．

袁桂珍，杨世明，2006．论“数学的心脏”：希尔伯特方法论第1问题的初步研究[J]．数学教育学报，15（2）：38–40．

曾小平，吕传汉，汪秉彝，2006．初中生“提出数学问题”的现状与对策[J]．数学教育学报，15（3）：51–53．

詹青龙，陈振宇，刘小兵，2017．新教育时代的深度学习：迈克尔·富兰的教学观及启示[J]．中国电化教育（5）：73–79．

张丹，2017．“问题引领学习”：让儿童学习走向深入[J]．中小学管理（6）：41–44．

张丹，刘晓，2018．“问题引领学习”的构建及单元教学研究[J]．数学教育学报，27（5）：42–47．

张丹，吴正宪，2017．培养小学生问题提出能力的实证研究：以小学数学教学为例[J]．中国教育学刊（5）：100–104．

张丹，于国文，2020．“观念统领”的单元教学：促进学生的理解与迁移[J]．课程·教材·教法，40（5）：112–118．

张丹，张勋，2020．整体视角下“图形与几何”的研究与实践[J]．小学教学（数学版）（6）：4–8．

张国杰，1996．对“问题是数学的心脏”的一点思索[J]．吉首大学学报（自然科学版），17（2）：58–59．

张华，2019．论学科核心素养：兼论信息时代的学科教育[J]．华东师范大学学报（教育科学版），37（1）：55–65，166–167．

张辉蓉，冉彦桃，刘蝶，等，2019．教师“问题提出”教学知识建构[J]．数学教育学报，28（2）：13–17．

张玲，宋乃庆，蔡金法，2019．问题提出：基本蕴涵与教育价值[J]．中国电化教育（12）：31–39．

张夏雨，喻平，2018．指向数学素养的系统化教学建议：美国NCTM数学教学实践途径及其启示[J]．全球教育展望，47（11）：14–27．

张娜．2012．国内外学习投入及其学校影响因素研究综述[J]．心理研究，5（2）：83–92．

张掌然，2005．问题论[D]．武汉：武汉大学．

张掌然，张大松，2005．思维训练[M]．2版．武汉：华中科技大学出版社：41–42．

郑葳，刘月霞，2018．深度学习：基于核心素养的教学改进[J]．教育研究，39（11）：56–60．

郑毓信，2000．努力培养学生提出问题的能力：从“在数学课中培养创新意识”一文谈起[J]．数学教学通讯（6）：1–4．

钟启泉，2016．基于核心素养的课程发展：挑战与课题[J]．全球教育展望，45（1）：3–25．

周贤，2017．关于PBL教学方式，你想知道的都在这里[EB/OL]（2017–09–04）[2021–05–03]．http://www.sohu.com/a/169447513_100928.

英文文献

Assessment and Reporting Authority, 2011. The Australian curriculum mathematics[EB/OL].[2021-02-03]. http://www.australiancurriculum.edu. au/f-lo-curriculum/mathematics/.

BONOTTO C, 2013. Artifacts as sources for problem-posing activities[J]. Educational Studies in Mathematics, 83(1): 37-55.

BROWN S I, WALTER M I, 1983. The art of problem posing [J]. Mathematical Notes, 35(1): 153.

CAI J, HWANG S, 2002. Generalized and generative thinking in US and Chinese students' mathematical problem solving and problem posing [J]. The Journal of Mathematical Behavior, 21 (4): 401-421.

CAI J, HWANG S, 2020. Learning to teach through mathematical problem posing: Theoretical considerations, methodology, and directions for future research[J]. International Journal of Educational Research, 102 (8).

CAI J, MOYER J C, WANG N, et al., 2013. Mathematical problem posing as a measure of curricular effect on students' learning[J]. Educational Studies in Mathematics, 83(1): 57-69.

CAI J, HWANG S, JIANG C, et al., 2015. Problem Posing research in mathematics education: Some answered and unanswered questions[M]// SINGER F M, ELLERTON N, CAI J. Mathematical problem posing: From research to effective practice. New York: Springer: 3-34.

CAI, J, 2005. U.S. and Chinese teachers' constructing, knowing, and evaluating representations to teach mathematics[J]. Mathematical Thinking and Learning, 7(2): 135-169.

CIFARELLI V V, CAI J, 2005. The evolution of mathematical explorations in open-ended problem-solving situations[J]. The Journal of Mathematical Behavior, 24(3-4): 302-324.

CONTRERAS J, 2007. Unraveling the mystery of the origin of mathematical problems: Using a problem-posing framework with prospective mathematics teachers [J]. The Mathematics Educator, 17(2): 15-23.

EINSTEIN A, INFELD L, 1938. The Evolution of Physics: The growth of ideas from early concepts to relativity and quanta[M]. Cambridge: Cambridge University Press.

ELLERTON N F, 1986. Children's made-up mathematics problems: A new perspective on talented mathematicians[J]. Educational

Studies in Mathematics (17): 261-271.

ENGLISH L D, HALFORD G S, 1995. Mathematics education: Models and processes[M]. Hillsdale, NJ: Erbaum: 21-37.

ENGLISH L D, 1997. The development of fifth-grade children's problem-posing abilities [J]. Educational Studies in Mathematics, 34(3): 183-217.

ENGLISH L D, 1998. Children's problem posing within formal and informal contexts [J]. Journal for Research in Mathematics Education, 29(1): 221.

ERNEST P, 1991. The philosophy of mathematics education[M]. London: Falmer Press.

GONZALES N A, 1998. A blueprint for problem posing [J]. School Science and Mathematics, 98(8): 448-456.

GUO Y, YAN J, MEN T, 2021. Chinese junior high school students' mathematical problem-posing performance[J]. ZDM-Mathematics Education, 53: 905-917.

HART K, 1981. Children's understanding of mathematics [M]. London: John Murray: 11-16.

HASHIMOTO Y, SAWADA T, 1984. Research on the mathematics teaching by developmental treatment of mathematical problems. [M]. KAWAGUCHI T. Proceedings of the ICMI-JSME regional conference on mathematical education[M]. Tokyo: Japan Society of Mathematical Education: 309-313.

HEALY C C, 1993. Creating miracles: A story of student discovery[M]. Berkeley, CA: Key Curriculum Press.

KWEK M L, 2015. Using problem posing as a formative assessment tool[M]// SINGER F, ELLERTON N, CAI J. Mathematical problem posing: From research in Mathematical education. New York:

Springer: 273-292.

KONTOROVICH I, KOICHU B, LEIKIN R, et al., 2012. An exploratory framework for handling the complexity of mathematical problem posing in small groups [J]. The Journal of Mathematical Behavior, 31(1): 149-161.

KOTSOPOULOS D, CORDY M, 2009. Investigating imagination as a cognitive space for learning mathematics[J]. Educational Studies in Mathematics (70): 259-274.

LAVY I, BERSHADSKY I, 2003. Problem posing via "what if not" strategy in Solid Geometry: A case study [J]. The Journal of Mathematical Behavior(22): 369-387.

LEUNG S, 2013. Teachers implementing mathematical problem posing in the classroom: Challenges and strategies[J]. Educational Studies in Mathematics, 83(1): 103-116.

MANSFIELD R S, BUSSE T V, 1981. The psychology of creativity and discovery: scientists and their work[M]. Chicago: Nelson Hall.

National Council of Teachers of Mathematics, 1989. Curriculum and evaluation standards for school mathematics[M]. Reston, VA: Author.

National Council of Teachers of Mathematics, 1991. Professional standards for teaching mathematics[M]. Reston, VA: Author.

National Council of Teachers of Mathematics, 2000. Principles and standards for school mathematics[M]. Reston, VA: Author: 20-30.

PITTALIS M, CHRISTOU C, MOUSOULIDES N, et al., 2004. A structural model for problem posing [C] // HOINES M J, FUGLESTAD A B. Proceeding of the 28th annual meeting of the international group for the psychology of mathematics education. Bergen: Bergen University College: 49-56.

POLYA G, 1954. Mathematics and plausible reasoning: vol. 2 patterns of plausible inference. [M]. NJ: Princeton University Press.

POLYA, G, 1945. How to Solve It: A new aspect of mathematical method [M]. Princeton, NJ: Princeton University Press.

SCHOENFELD A H, 1992. Learning to think mathematically: Problem solving, metacognition, and sense making in mathematics[M]//GROUWS D A. Handbook of research on mathematics teaching and learning[M]. New York, NY: MacMillan: 165-197.

SCHOENFELD A, 1994. Mathematical thinking and problem solving[M]. Hillsdale, NJ: Lawrence Erlbaum Associates.

SILVER E A, 1994. On Mathematical problem posing [J]. For the Learning of Mathematics, 14(1): 19-28.

SILVER E A, 1997. Fostering creativity through instruction rich in mathematical problem solving and problem posing [J]. ZDM-Mathematics Education, 29 (3): 75-80.

SILVER E A, CAI J, 1996. An analysis of arithmetic problem posing by middle school students [J]. Journal for Research in Mathematics Education, 27(5): 521-539.

SINGER F M, ELLERTON N, CAI J, 2013. Problem-posing research in mathematics education: New questions and directions [J]. Educational Studies in Mathematics, 83(1): 1-7.

SINGER F M, MOSCOVICI H, 2008. Teaching and learning cycles in a constructivist approach to instruction [J]. Teaching and Teacher Education, 24(6): 1613-1634.

SKINNER P,1991. What's your problem?: Posing and solving mathematical problems, K-2[M]. Portsmouth, NH: Heinemann Educational Books.

STOYANOVA E, ELLERTON N F, 1996. A framework for research into students' problem posing in school mathematics[M] // CLARKSON P. Technology in mathematics education. Melbourne: Mathematics Education Research Group of Australasia: 518-525.

SWELLER J, MAWER R F, WARD M R, 1983. Development of expertise in mathematical problem solving[J]. Journal of Experimental Psychology, 112(4): 639-661.

VAN HARPEN X Y, SRIRAMAN B, 2013. Creativity and mathematical problem posing: An analysis of high school students' mathematical problem posing in China and the USA [J]. Educational Studies in Mathematics, 82(2): 201-221.

后记

本书落笔时，正是初雪将至的隆冬；即将付梓的此刻，正是七月的长风吹皱了绵白的云朵。

落笔到付梓不过半年，背后承载的却是近十年的漫长实践。这些年来，我们带领着小学数学教师团队进行了“问题引领学习”的深入实践。实践过程中，有无数迷茫，无数纠结，无数探索，无数惊喜！这些迷茫、纠结、探索和惊喜，无一不是对儿童提问的倾心与关注，无一不是对儿童思维及好奇的执着与不懈，而这一份热情终于在今天开出了花。

我们看到开出的花，也看到背后浇灌的水，今天的花有多好看，曾经的汗水就有多酸涩。但是回看这近十年的路，一切都是那么值得！值得的是，我们深耕儿童的问题提出并有效触发了教师实践与儿童深度学习；值得的是，我们积累了丰富的经验，进一步架起了后继理论探索与实践落地的桥梁；值得的是，十年实践路，一路同行人，我们结识了无数志同道合的朋友，共同无悔地付出时间与精力，无悔地挥洒汗水与泪花。

本书的写作由张丹和于国文共同完成。其中，于国文完成了前两章关于“问题引领学习”的内涵与价值的写作；而张丹聚焦于“问题引领学习”的实施与案例呈现，对近十年的实践进行了详尽梳理，完成了后两章；二位作者共同执笔完成了本书的前言以及后记部分。另外，本书在写作过程中得到了陶文迪、黄迪、闫佳洁、丰峰、于国欣等老师的帮助，他们对本书进行了通读，并提出了具体意见，或结合专长补充、完善文献，或不断进行文稿的校对，在此一并致以诚挚的感谢！

即将付梓的此刻，内心不可谓不激动。纸短思长，但我们仍想把此书，把我们近十年的艰辛，把内心最深刻的感激，献给在过去近十年中对“问题引领学习”课题组及相关实践付出无限帮助、无数爱与关注的孩子们、老师们、家长们和学校。是你们的投入与关怀，成就了本书；尤其是孩子们小小脑瓜里大大的世界和满满的好奇，为我们的实践点燃了灿烂的火把，那闪闪的火光指引着我们走向孩子的世界，从孩子的立场探索问题的无穷魅力。

最后，我们再次重申写作本书的立场与追求：是向大家呈现“问题引领学习”近十年实践的思考，希望给一线数学教育工作者一些启发和借鉴；更是期待与深耕儿童问题提出的教育同人共探这一议题永恒的价值与魅力！

于国文　张丹

出 版 人　李　东
责任编辑　郑　莉　殷　欢
版式设计　锋尚设计　郝晓红
责任校对　贾静芳
责任印制　叶小峰

图书在版编目（CIP）数据

问题引领数学学习：内涵与实践策略 / 张丹，于国文著．—北京：教育科学出版社，2021.8（2023.12重印）
（问题引领数学学习丛书 / 张丹主编）
ISBN 978-7-5191-2728-2

Ⅰ．①问…　Ⅱ．①张… ②于…　Ⅲ．①小学数学课—教学研究　Ⅳ．①G623.502

中国版本图书馆 CIP 数据核字（2021）第 159986 号

问题引领数学学习丛书
问题引领数学学习：内涵与实践策略
WENTI YINLING SHUXUE XUEXI：NEIHAN YU SHIJIAN CELÜE

出版发行	教育科学出版社		
社　　址	北京·朝阳区安慧北里安园甲 9 号	**邮　　编**	100101
总编室电话	010-64981290	**编辑部电话**	010-64981357
出版部电话	010-64989487	**市场部电话**	010-64989009
传　　真	010-64891796	**网　　址**	http://www.esph.com.cn
经　　销	各地新华书店		
制　　作	北京锋尚制版有限公司		
印　　刷	中煤（北京）印务有限公司		
开　　本	720 毫米 ×1020 毫米　1/16	**版　　次**	2021 年 8 月第 1 版
印　　张	13.75	**印　　次**	2023 年 12 月第 3 次印刷
字　　数	194 千	**定　　价**	48.00 元